Centroamérica en la mira

Manuel Orozco y Julia Yansura

Centroamérica en la mira

La migración en su relación con el desarrollo y las oportunidades para el cambio

teseo

Manuel, Orozco

Centroamérica en la mira : la migración en su relación con el desarrollo y las oportunidades para el cambio / Orozco Manuel ; Julia Yansura. - 1a ed .

Ciudad Autónoma de Buenos Aires : Teseo, 2015.

240 p. ; 20 x 13 cm.

ISBN 978-987-723-058-1

1. América Central. 2. Migración. 3. Migrantes. I. Yansura, Julia II. Título

CDD 304.8

© Editorial Teseo, 2015

Buenos Aires, Argentina

ISBN 978-987-723-058-1

Editorial Teseo

Hecho el depósito que previene la ley 11.723

Para sugerencias o comentarios acerca del contenido de esta obra, escríbanos a: **info@editorialteseo.com**

www.editorialteseo.com

ÍNDICE

Reconocimientos

Este trabajo constituye un esfuerzo conjunto entre el Diálogo Interamericano y la Alianza para las Migraciones en Centroamérica y México (CAMMINA) para mejorar la comprensión sobre la manera en que la migración centroamericana incide en el crecimiento económico y en el desarrollo en los países de la región. Queremos agradecer a CAMMINA por hacer posible este libro.

El libro es en parte el producto de una serie de conversaciones y de discusiones llevadas a cabo con diversos socios en Centroamérica. Los capítulos constituyen documentos de discusión presentados en cinco reuniones realizadas en la región. En primer lugar, agradecemos profundamente a quienes acogieron estas discusiones: la Facultad Latinoamericana de Ciencias Sociales en Costa Rica, el Programa de las Naciones Unidas para el Desarrollo en El Salvador, el Centro para el Desarrollo Internacional de la Universidad de Harvard en Estados Unidos, el Instituto Universitario en Democracia, Paz y Seguridad de la Universidad Nacional Autónoma de Honduras y el Ministerio de Relaciones Exteriores de Guatemala. Agradecemos en especial la atención brindada por Stella Sáenz, Jocellyn Ramírez, Julieta Castellanos, Beatriz Ordóñez y Sonia María Pellecer. También agradecemos al Banco Centroamericano de Integración Económica (BCIE) por su apoyo en muchas de nuestras reuniones.

Más de cien personas y cincuenta organizaciones participaron en las reuniones aportando al desarrollo de las ideas para este libro. Agradecemos a cada una de ellas. En especial quisiéramos reconocer al grupo de personas que nos acompañó a través de la duración del proyecto y en especial a Javier Calvo, Julieta Castellanos, Manuel Ángel Castillo, Oscar Chacón, Alberto Cortés, Martha Cranshaw, Cecilia Cruz, Alejandra Gordillo, Bertha Silvia Mena, Cynthia Mora, Oscar Padilla Lam, Sonia María Pellecer, Jocellyn Ramírez, Vinicio Sandoval, Eduardo Stein, Ubaldo Villatoro y Edith Zavala. Sus ideas y sus aportes contribuyeron mucho en la elaboración de este libro.

Agradecemos y reconocemos especial y particularmente a Laura Porras del Diálogo Interamericano por sus enormes contribuciones a este trabajo en temas de investigación, análisis de datos y traducción. Laura trabajó activamente en partes de la recolección de datos, de la investigación y de la preparación del análisis de varios capítulos. Su apoyo ha sido tremendamente importante para lograr este documento. A su vez agradecemos a Cynthia Mora por su acucioso trabajo de compilación y de traducción de este libro. Igualmente, queremos agradecer a nuestras estudiantes investigadoras: Elena Bauer, Brigid Carmichael, Samantha Carter, Jean Coleman, Ezgi Irgil, Catalina Rodríguez y María Dolores Vallenilla.

Este libro reúne también conocimientos adquiridos a través de más de quince años de experiencia por parte del Diálogo Interamericano, que se enriquecen con conversaciones y proyectos de los que han participado –en el marco de CAMMINA y de otros programas– expertos en desarrollo de diversas organizaciones, la academia, representantes de la diáspora y de empresas de remesas. El compromiso propio y el de todas estas contrapartes para comprender y para promover vinculaciones transnacionales que promuevan mejores condiciones de vida para quienes parten como para quienes se quedan en sus países motiva mucho este trabajo.

Dedicatoria

Este libro es dedicado a nuestro colega y amigo Ding Bagasao, quien dedicó su vida al análisis y a la explicación del vínculo entre la migración y el desarrollo. Ding introdujo la innovación y la motivación de integrar la inversión de capital del inmigrante para el desarrollo de sus países. Y como arduo luchador, logró contribuir a que la voz de los inmigrantes tuviera espacios en múltiples foros mundiales sobre migración y desarrollo.

Ding, tu memoria es el testamento de nuestro compromiso por el cambio social.

Introducción

Este libro es el producto de un intento de resaltar las realidades por las que Centroamérica está pasando y de dialogar sobre las oportunidades que la migración ofrece para mejorar el estado de desarrollo en la región.

Centroamérica está pasando por una de las crisis más severas de su historia. No es un solo país sino la región entera la que enfrenta grandes problemas. El número de muertes en la región en los últimos diez años es tan o más alto que lo que la región reportó en los años ochenta. La gobernabilidad democrática está infectada por la continuidad en el abuso de autoridad, acompañada por una corrupción política que carcome el débil tejido democrático. Incluso en Nicaragua, a veces fuera del foco internacional en temas de inseguridad, la violencia es real. El desarrollo económico de la región en el siglo XXI sigue estancado en la pobreza y la desigualdad. Y a esto se agrega el deterioro del ambiente. Los adultos y los niños están huyendo de sus países y esta migración sigue creciendo como un producto de la pobreza, del crimen, de los abusos de autoridad y de la corrupción.

Una de las consecuencias de esta realidad es la conformación de núcleos importantes de transnacionalismo económico: los inmigrantes centroamericanos están integrando las economías de sus países al contexto global. Las remesas, por ejemplo, representan más del 10% del producto interno bruto de la región. Si a esto se agregan otras importantes actividades económicas, como el comercio nostálgico, la inversión y la filantropía, la economía centroamericana depende de este transnacionalismo. Esta experiencia es paradójica: la pobreza y la desesperación de muchos por una mejor vida es lo que está ayudando a mantener las economías de estos países. Sin embargo, no hay, a nivel político, incidencia ni autoridad para trabajar en desarrollo ni para apalancar muchas de estas prácticas.

El libro cuenta con tres secciones. La primera parte muestra el estado económico de la región como un factor que incide en la migración. Los capítulos que acompañan esa sección desarrollan un análisis de las tendencias migratorias, mediante su dimensionamiento y su caracterización en muchas de sus formas, como lo es la salida de cientos de miles de centroamericanos, su detención, su deportación y la entrada de unos miles en busca de trabajo. También analizamos la relación de la migración, incluyendo a menores de edad, con la violencia y el desarrollo. La segunda sección identifica las formas en que se establece una relación entre migración y desarrollo, y la forma en que ciertas actividades económicas, tales como el envío de dinero, tienen un fuerte impacto en la generación de riqueza. Esta parte también resalta la ausencia de políticas y de estrategias públicas orientadas a apalancar la realidad migratoria. Por ejemplo, a pesar de existir subsidios a sectores en declive, como el agrícola, no existe un centavo invertido en el apalancamiento de las remesas. La tercera parte es una propuesta de desarrollo apalancada en las remesas. Esta propuesta se basa en la experiencia de buenas prácticas y en la integración de estrategias innovadoras que contribuyan a mejorar la posición de la región ante el desarrollo.

PARTE I.
EL CONTEXTO ECONÓMICO Y LAS TENDENCIAS ACTUALES DE LA MIGRACIÓN CENTROAMERICANA

Esta sección permite identificar las tendencias principales que rigen el crecimiento económico y el desarrollo de Centroamérica. Igualmente los capítulos 2 y 3 se adentran en el análisis de la migración regional. Específicamente, después de realizar un recorrido por los indicadores económicos clave, el capítulo 2 explora las dinámicas migratorias más recientes e intenta analizarlas en relación con las tendencias del desarrollo económico, la violencia y las redes migratorias. El análisis se extiende al impacto de la violencia en la migración de menores de edad durante los últimos años pero en particular en 2014.

El capítulo 3 explora las tendencias del retorno y en particular ofrece un análisis acerca del tamaño de la migración centroamericana en relación con el número de personas que trata de irse de sus países, de las que entran y de las que son detenidas y deportadas. El trabajo también analiza las limitaciones en política pública, empezando por analizar programas orientados a la recepción de deportados y a su reintegración en la economía local.

Esta parte no establece un vínculo entre la situación económica de la región como factor de empuje de la migración; sin embargo, el primer capítulo resalta que, ante las condiciones económicas imperantes, la región y su sociedad no ofrecen suficientes incentivos económicos para disfrutar de las oportunidades que ofrece la vida moderna.

Capítulo 1. El estado de la región: las economías centroamericanas en 2015[1]

El crecimiento económico de Centroamérica sigue lento. Aunque las economías de los países de Centroamérica han logrado recuperarse de la recesión económica del período 2008-2009, el crecimiento del Producto Interno Bruto (PIB) sólo ha contribuido a una leve mejora en los PIB per cápita de los países de la región –esto incluso es más visible específicamente en Costa Rica y en Panamá, los países con menor índice de pobreza en la región.

De hecho, los temas de pobreza, de desigualdad, de descontento generalizado y de deuda creciente persisten desde hace mucho tiempo y minan el progreso económico y social. Por ejemplo, en Guatemala, en Honduras y en Nicaragua más de la mitad de la población vive con menos de US$ 4 por día. Además, la frustración y el descontento generalizados son altos. En Guatemala, en Honduras, en Panamá y en Costa Rica, la mayoría de la población siente que la economía va por mal camino, lo que sugiere que muchas personas son excluidas de los beneficios del crecimiento económico. Los altos niveles de emigración también pueden ser señal de la insatisfacción generalizada de la población hacia la situación actual del país: uno de cada diez centroamericanos vive en el extranjero. A pesar de que la migración centroamericana debe sus inicios a antecedentes históricos, para los migrantes de hoy la decisión de irse es en gran medida económica.[2]

---

[1]   Manuel Orozco y Julia Yansura, Diálogo Interamericano, junio de 2015.

[2]   Por ejemplo, una encuesta de 2014 encontró que un 25% de los salvadoreños estaban considerando emigrar y la razón principal para ello era la falta de oportunidades para superarse (según el 47% de las respuestas). Manuel Orozco y Julia Yansura, "Comprender la migración centroamericana: la crisis de migrantes menores de edad centroamericanos en contexto", Diálogo Interamericano, agosto de 2015.

Para quienes están a cargo de las decisiones políticas en la región, un importante desafío es el diseñar políticas públicas que promuevan un crecimiento económico con equidad. Un análisis del plan nacional de desarrollo de cada país sugiere que muchos Gobiernos no han abordado apropiadamente los problemas socioeconómicos ya que se priorizan los problemas más urgentes de seguridad que requieren atención inmediata. Además, la agricultura sigue siendo la prioridad, lo que opaca a otras áreas que podrían ofrecer más potencial para el desarrollo económico. A pesar de que los gastos en educación y en salud reflejan algún grado de compromiso con un desarrollo equitativo en la región, la ineficiencia en su ejecución no permite que esta inversión tenga un impacto significativo.

Desempeño económico

Crecimiento del PIB

Mientras que el crecimiento del PIB ha logrado recuperarse desde la crisis económica del período 2008-2009, las tasas continúan siendo relativamente bajas. Después de un rápido y eficiente período de recuperación, las tasas de crecimiento del PIB continúan dentro de un rango histórico de 2 a 4% para la mayoría de los países en la región. Algunos analistas describen esta situación como una "trayectoria de crecimiento sólida pero lenta".[3]

Como el gráfico a continuación muestra, el crecimiento ha sido particularmente lento para países como El Salvador y Honduras. No es ninguna coincidencia que éstos sean de los países con los índices de violencia más altos de la

---

[3]   "Economic Snapshot for Central America," Focus Economics, 20 mayo de 2015. Disponible en: http://goo.gl/mYcCeK

región. Según Humberto López, director del Departamento Centroamericano del Banco Mundial:

> Más allá del sufrimiento humano que el crimen y la violencia provocan, está su efecto en la rentabilidad (...) Las compañías deben contratar servicios de seguridad privados y hay pérdidas asociadas con la delincuencia. En algunos países, particularmente en El Salvador, las personas no quieren trabajar cuando oscurece. Los altos índices de crímenes y violencia desincentivan la inversión y por lo tanto conllevan un costo económico enorme en estos países.[4]

Gráfico 1.1: Crecimiento del PIB (% anual) para las economías centroamericanas

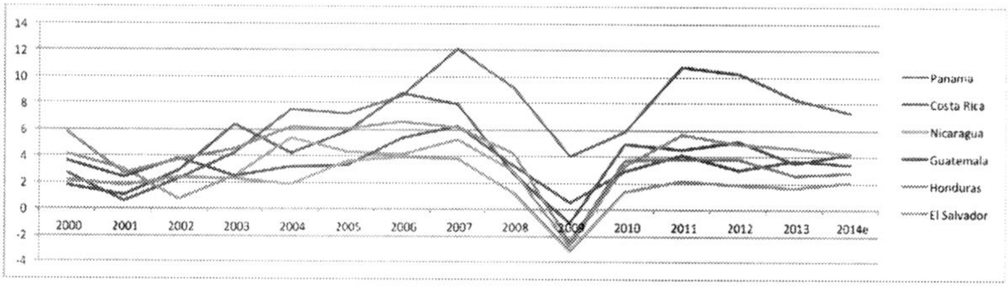

Fuente: Data del Banco Mundial. Julio de 2015.

PIB per cápita y sus limitaciones

El crecimiento del PIB ha contribuido con un modesto aumento en el PIB per cápita de algunos países. Como el gráfico abajo sugiere, Panamá y Costa Rica, países que inicialmente contaban ya con el PIB per cápita más alto, han experimentado el crecimiento más sólido. Desafortunadamente, los países con los PIB per cápita más bajos, tales como Honduras y Nicaragua, han

---

[4] Humberto López citado por Larry Luxner, "World Bank Offers Encouraging Prognosis for Central America in 2015," Tico Times, 15 diciembre de 2014. Disponible en: http://goo.gl/aanlcY

experimentado niveles de crecimiento muy bajos. Como admitió el presidente del Banco Central de Nicaragua, Ovidio Reyes, durante una entrevista con relación al PIB per cápita, "nos hace falta todavía mucho por hacer".[5]

Gráfico 1.2: PIB per cápita, PPP (US$ actual internacional)

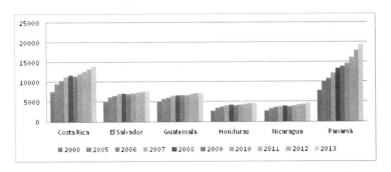

Fuente: Data del Banco Mundial. Julio de 2015.

Es importante notar que el PIB per cápita, una simple medida del PIB dividido por la población, no necesariamente refleja de forma precisa el ingreso promedio de la población general. En Honduras, por ejemplo, donde el PIB per cápita es de US$ 4392, aproximadamente el 60% de la población vive con menos de US$ 4 por día, es decir aproximadamente US$ 1460 por año.

Para el caso de Nicaragua, existe una comparación clave que refleja la precariedad en el nivel actual de desarrollo: mientras el salario mínimo mensual se encuentra por debajo de los US$ 200, la canasta básica está valorada en US$ 450 por mes. Los siguientes cuadros muestran estos datos.

5   Wendy Álvarez Hidalgo, "Lejos del PIB per cápita del istmo", La Prensa, 4 junio de 2015. Disponible en: http://goo.gl/WQswnv

Cuadro 1.1a: Tasa del recuento de la pobreza, 2013 o valor más reciente (dólares 2005, paridad de poder adquisitivo)

País	Pobreza total (US$ 4/día)	Pobreza extrema (US$ 2/día)
Costa Rica	12.2%	4.6%
El Salvador	31.8%	12.7%
Guatemala	62.4%[6]	40.5%[7]
Honduras	59.4%	39.6%
Nicaragua	52.2%[8]	29.3%[9]
Panamá	20.4%	9.9%
América Central	43.7%	24.9%

Fuente: "Working to End Poverty in Latin America and the Caribbean: Workers, Jobs and Wages," Banco Mundial. Junio de 2015.[10]

Cuadro 1.1b: Canasta básica en Nicaragua

	Córdobas	US$
Alimentación	8,302	303
Gastos del hogar (incluye transporte y servicios)	2,657	97
Vestimenta	1,373	50
Total	12,332	450

Fuente: Ministerio de Trabajo, Nicaragua. Agosto de 2015.

---

[6] Valor 2011.
[7] Valor 2011.
[8] Valor 2009.
[9] Valor 2009.
[10] "Working to End Poverty in Latin America and the Caribbean: Workers, Jobs, and Wages," Banco Mundial, 2015. Disponible en: https://goo.gl/Vo8pvj

Sectores que impulsan crecimiento y empleo

Ciertos sectores económicos, como servicios e industria, se han encargado de impulsar el crecimiento del PIB en la región. Para los países de la región, la categoría de "servicios" ha ascendido a una porción significativa del PIB que continúa creciendo, y varía desde un crecimiento del 52% en Nicaragua hasta del 75% en Panamá. La categoría ampliamente definida como "servicios" incluye sectores como el turismo, que es una importante fuente de ingresos en la región y contribuye entre un 5% y un 10% al PIB por país. El turismo internacional varía entre un 7.6% del PIB en Costa Rica y un 4.3% en El Salvador.[11]

La agricultura, a pesar de ser una fuente importante de empleo en el siglo XXI, sólo constituye entre el 5 y el 15% del PIB por país y ha disminuido porcentualmente en todos los países de la región. En Guatemala, en Honduras y en Nicaragua, aproximadamente uno de cada tres trabajadores está empleado en el sector agrícola, relegados a empleos de alta demanda y de bajo valor de mano de obra (es decir, con salarios bajos y jornadas largas), lo que señala una desconexión de la economía con industrias de alto valor y de baja demanda (por ejemplo, en tecnología). Según un reporte reciente del Banco Mundial, "la agricultura fue la principal fuente de empleo para el 70% de las cabezas de hogar que vivían en pobreza extrema en 2013. Consecuentemente, erradicar la pobreza extrema (…) requiere prestar particular atención a las necesidades de los agricultores".[12]

---

[11]   De acuerdo con las cifras de 2010, el turismo internacional como porcentaje del PIB varía entre el 9.6% en Nicaragua y el 7.6% en Costa Rica y el 4.3% en El Salvador. Ver CEPAL STAT, "International Tourism as % GDP."

[12]   "Working to End Poverty in Latin America and the Caribbean: Workers, Jobs, and Wages," Banco Mundial, 2015. Disponible en: https://goo.gl/Vo8pvj

Gráfico 1.3: Agricultura, industria y servicios: % de PIB

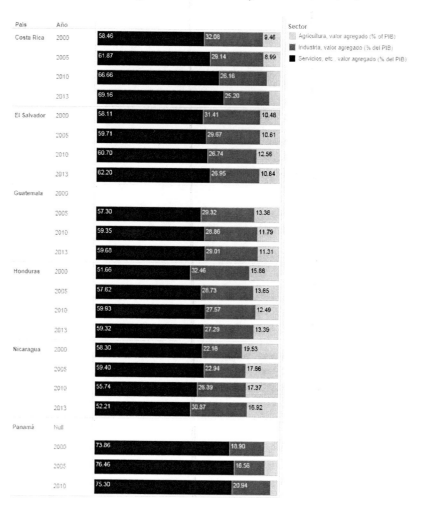

Gráfico 1.4: Agricultura, industria y servicios: % de la fuerza laboral

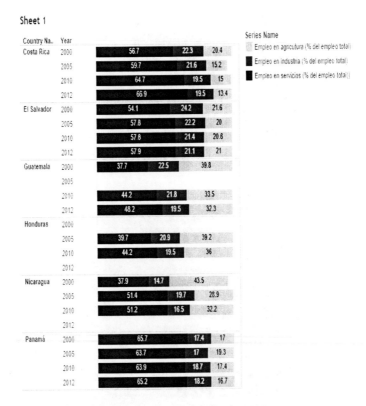

Fuente: Data del Banco Mundial. Julio de 2015.

En parte debido a esta orientación hacia la agricultura, la fuerza laboral de la región sigue careciendo de educación ya sea formal o técnica, es no cualificada, mal paga e informal. La Organización Internacional del Trabajo (OIT) señaló que, tras un período de mejoras "después de 2009, con la llegada de la peor parte de la crisis, todos los indicadores señalaban que el desempleo y el subempleo sufrieron en general una disminución en la región".[13] Las maquilas son la opción principal de empleo para las mujeres: 20.4% para mujeres empleadas en Guatemala, 19.6% en Honduras y 17.9% en El Salvador. Para Guatemala, por ejemplo, el 23% de la fuerza laboral no ha recibido educación, el 33% es "mano de obra no calificada" y por lo menos el 50% no recibe un salario suficiente ni formal. En Honduras un tercio de la fuerza laboral gana un salario por debajo del mínimo establecido por la ley, a pesar de trabajar a tiempo completo. El vínculo entre el subempleo y la educación es claro. En El Salvador, por ejemplo, la mitad de los hombres sin educación se encuentran subempleados, comparado con el 6.7% de aquellos con educación superior.[14]

---

[13] "Evolución de los principales indicadores del Mercado de trabajo en Centroamérica y República Dominicana, 2006-2010," Organización Internacional para el Trabajo, 2011. Disponible en: http://goo.gl/WkjPNV

[14] Ibid.

Cuadro 1.2: Dinámicas de la fuerza laboral por país (%)

Indicador		Costa Rica (2010)	El Salvador (2009)	Guatemala (2006)	Honduras (2009)	Nicaragua (2008)	Panamá (2010)
Tasa de participación laboral	Hombre	70.5	72.9	88.2	76.0	73.1	67.0
	Mujer	40.9	42.8	44.7	38.2	43.2	38.2
Tasa de desempleo	Hombre	6.0	8.9	1.5	2.6	5.6	3.7
	Mujer	9.5	4.9	2.4	4.2	6.8	6.5
Formalidad, por sector	Formal	57.2	38.5	32.3	27.1	36.0	53.8
	Informal	41.9	61.5	65.7	72.9	63.8	46.0
Nivel más alto de educación obtenido, como % de la fuerza laboral	Ninguno	2.8	2.8	23.2	13.4	12.8	3.5
	Algo de primaria	9.9	27.9	30.1	25.4	22.0	7.9
	Primaria completa	19.2	22.8	11.1	20.0	22.7	22.7
	Algo de secundaria	17.0	21.6	12.5	5.3	15.3	23.5
	Secundaria completa	28.4	12.0	16.3	28.3	14.8	17.9
	Educación superior	22.7	12.8	6.5	7.5	14.7	24.5

Fuente: "Evolución de los principales indicadores del mercado de trabajo en Centroamérica y República Dominicana, 2006-2010," Organización Internacional para el Trabajo, 2011.

Hay varios aspectos que evidencian la vulnerabilidad de los trabajadores informales y de los considerados como mano de obra no calificada. Una encuesta reciente a 12,000 trabajadores centroamericanos encontró, por ejemplo, que el 74% de la fuerza laboral no está cubierta por la seguridad social. Los trabajadores informales y de mano de obra no calificada también pueden enfrentar condiciones laborales difíciles, peligrosas e incluso abusivas. La encuesta mostró que tanto mujeres como hombres reportaron estar frecuentemente expuestos a ambientes de alta temperatura (el 16% y el 25%, respectivamente), respirar químicos por más de la mitad de su típico turno de trabajo (el 12% y el 18%) y lidiar con sustancias tóxicas (el 5% y el 12%).[15]

Comercio internacional

Las economías centroamericanas han sido tradicionalmente vulnerables ya que producen un número relativamente limitado de productos para un número pequeño de socios comerciales. Los productos de agricultura y textiles, la maquinaria y las partes eléctricas son algunos de los principales productos de exportación de la región. Para todos los países centroamericanos, excepto Panamá, los Estados Unidos son el principal socio comercial. Sin embargo, el comercio intrarregional ha empezado a incrementar su importancia. El mercado común de Centroamérica representa el segundo socio de comercio más grande para la mayoría de los países en la región: cuenta con el 26.2% del total de las exportaciones a pesar de retos logísticos persistentes en el transporte terrestre.[16]

---

[15] Benavides, Wesseling, Delclos, Felknor, Pinilla y Rodrigo, "Working Conditions and Health in Central America: A survey of 12,024 workers in six countries," Journal of Occupational & Environmental Medicine, 20 de marzo de 2014. Disponible en: http://goo.gl/McG890

[16] "Atlas de complejidad económica," Universidad de Harvard.

Cuadro 1.3: Indicadores para Centroamérica, 2013

	Top 10 Exportaciones agro como % del PIB	Remesas como % del PIB	Turismo como % del PIB	Total (Agr. + R + T)
Nicaragua	39	12	4	55
Honduras	23	16	4	43
Panamá	18	2	11	31
Guatemala	14	10	3	27
Costa Rica	7	2	6	15
El Salvador	5	16	3	24
República Dominicana	4	8	8	22

Fuente: Data del Banco Mundial. Julio de 2015.

A pesar de que muchos países centroamericanos tienen un equilibrio comercial negativo, las exportaciones totales de la región han crecido más del 11% en la última década y la recuperación desde la crisis económica de 2008 ha sido rápida.[17]

El Tratado de Libre Comercio entre República Dominicana, Centroamérica y los Estados Unidos de América (CAFTA-DR), que fue firmado por el presidente estadounidense George W. Bush en 2005, gradualmente ha sido implementado por los países de la región. El acuerdo incluye la eliminación gradual de ciertas tarifas y otros obstáculos para el comercio entre los Estados Unidos y Guatemala, El Salvador, Honduras, Nicaragua, Costa Rica y República Dominicana. Según la Comisión de Comercio de los Estados Unidos,

> El flujo comercial bilateral entre los Estados Unidos y los seis socios de CAFTA-DR ha incrementado en más del 71% desde que se ejecutó, de US$ 35 mil millones en 2005 a

---

[17]   "Central America, Expanding Trade Horizons in Order to Diversify," Banco Mundial, 7 de febrero de 2013. Disponible en: http://goo.gl/e9Zi5k

US$ 60 mil millones en 2013. En 2013, las exportaciones estadounidenses a los países de CAFTA-DR alcanzaron un total de US$ 30 mil millones; las importaciones alcanzaron un total de US$ 30 mil millones.[18]

A pesar de que este análisis presenta una perspectiva optimista, persisten las inquietudes relacionadas con los derechos de los trabajadores, el equilibrio comercial, la propiedad intelectual, las medicinas genéricas y el proteccionismo de los Estados Unidos hacia los productos agrícolas.[19]

Limitaciones del crecimiento económico

A pesar de que ha habido crecimiento económico, éste no debe ser equiparado con desarrollo equitativo y sostenible. Para los países de la zona, los temas persistentes y prolongados como la pobreza, la desigualdad, el descontento generalizado y la deuda creciente continúan amenazando el crecimiento, particularmente en ausencia de iniciativas sociales y económicas efectivas para atacarlos. Además, muchas iniciativas consideran que la agricultura es la prioridad e ignoran el desarrollo en otros sectores importantes.

Desarrollo humano

El crecimiento económico no necesariamente es equivalente a mejores indicadores sociales, como el gráfico de abajo sugiere. El Índice de Desarrollo Humano (un indicador compuesto por las variables de expectativa de vida, educación e ingreso per cápita) muestra cómo varios países se estabilizan y otros se estancan. Mientras países como Costa Rica

---

[18] "CAFTA-DR (Dominican Republic-Central America FTA)," Office of the United States Trade Representative. Disponible en: https://goo.gl/exieo0
[19] Ver, por ejemplo, "DR-CAFTA: Effects and Alternatives," The Stop CAFTA Coalition. Disponible en: http://goo.gl/wQyKzt

y Panamá han logrado altos niveles de desarrollo humano, Honduras y Nicaragua continúan estando entre los países con niveles de desarrollo humano más bajos en el mundo.[20]

A pesar de vivir en la era digital, en el siglo XXI, los centroamericanos siguen viviendo altos niveles de pobreza. Esta pobreza no es nueva: el posicionamiento de la región frente a su desarrollo humano muestra que desde 1980 estos países no han mejorado sustancialmente en el ranking mundial. Incluso, la posición de Nicaragua ante otros países en el mundo en su nivel de desarrollo humano ha caído más que aumentado desde 1980.

Gráfico 1.4: Ranking de los países en el Índice de Desarrollo Humano

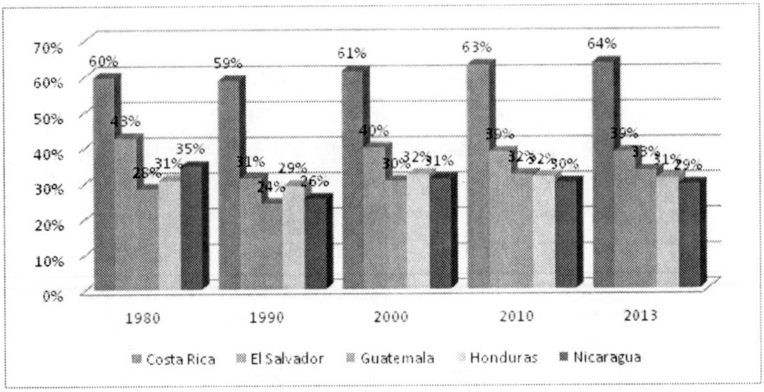

Fuente: "Human Development Reports Data." El ranking es un método comparativo de la posición de cada país frente al resto de otras naciones, que permite contextualizar y relativizar mejor los índices en comparación con otros países.

---

[20]   Datos de desarrollo humano. Junio de 2015. Disponible en: http://goo.gl/uYntDS. 129 y 132 respectivamente, de un listado total de 187 países.

Aunque el desarrollo humano no es estático, sino más bien dinámico, nuestras sociedades no se han ajustado a los cambios globales debido a la miopía regional respecto de las prioridades del bienestar humano. La región continúa siendo un territorio compuesto por una mano de obra no calificada, con muy bajos niveles de educación, altamente informal y mal paga. Es casi imposible salir de la pobreza con modelos económicos enfocados exclusivamente en el trabajo no calificado, sin educación superior y en un contexto de informalidad.

Descontento generalizado

Además, según las encuestas de opinión pública llevadas a cabo en la región, existe un descontento generalizado en cuanto al desempeño económico. Mientras que los centroamericanos señalan el crimen como el problema principal en sus respectivos países, la economía suele ubicarse en segundo lugar. En muchos casos la suma de problemas económicos, del desempleo y de la pobreza se aproxima a la suma de problemas de delincuencia y de crimen. En la mayoría de los países los entrevistados respondieron que "desde el año pasado la economía ha empeorado." El siguiente cuadro muestra estos datos.

Cuadro 1.4: Entrevista de opinión pública en temas económicos seleccionados, 2014 (% columna)

	Honduras	El Salvador	Guatemala	Panamá	Costa Rica	Nicaragua
El problema más importante que enfrenta el país es....						
Economía y relacionados, crisis económica	11.7%	15.1%	14.3%	13.5%	16.9%	37%
Desempleo, falta de trabajo	20.2%	11.4%	13%	5%	20.2%	31.6%
Pobreza	7.4%	3.8%	6.9%	1.3%	2.5%	9.3%
Delincuencia, crimen	46.2%	53.4%	37.3%	24.7%	18.7%	3.5%
Evaluación de la situación del país en el último año						
Mejor	7.1%	12.7%	3.3%	19.9%	4.8%	23.9%
Igual	36.6%	41.9%	27%	54.5%	36.1%	33.4%
Peor	56.4%	45.4%	69.2%	25.5%	59.1%	42.7%
Percepción de situación económica personal, comparada con el año pasado						
Mejor	8.9%	14.5%	9.5%	20.7%	11%	29.5%
Igual	44%	48.1%	40.1%	60.1%	52.6%	37.3%
Peor	47%	37.4%	50.3%	19.2%	36.4%	33.2%

Fuente: Latin American Public Opinion Project (LA POP), Vanderbilt University, 2014.

Emigración

Los altos niveles de emigración pueden interpretarse como una señal que indica que las personas emigrantes no están satisfechas con la situación actual en sus respectivos países. Hoy en día aproximadamente uno de cada diez centroamericanos viven fuera de su país (ver Gráfico 1.5). La mayoría de estos migrantes son producto de redes migratorias que se conformaron en los años setenta como resultado de conflictos armados, de desastres naturales y de reunificación familiar. Sin embargo, el incremento reciente en inseguridad y el mal desempeño económico han contribuido con las subsiguientes y acrecentadas olas de emigración. Para muchos migrantes centroamericanos hoy en día la decisión de migrar se basa en factores económicos y de reunificación familiar.[21] Enfrentados con la idea de malos salarios, de empleos como mano de obra no calificada y de trabajos informales que ofrecen pocas oportunidades de superación, muchos centroamericanos se sienten en la necesidad de irse.[22]

---

[21]   Por ejemplo, una encuesta de 2014 encontró que el 25% de los salvadoreños están considerando emigrar y que la razón principal por la que emigrarían es la "falta de oportunidades" (el 47% de las respuestas). Manuel Orozco y Julia Yansura, "Comprender la Migración Centroamericana: La crisis de migrantes menores de edad centroamericanos en contexto," Diálogo Interamericano, agosto de 2015.

[22]   "Evolución de los principales indicadores del Mercado de trabajo en Centroamérica y República Dominicana, 2006-2010," Organización International para el Trabajo, 2011. Disponible en: http://goo.gl/oQ77Ca

Cuadro 1.5: Poblaciones centroamericanas
en el extranjero, 2010-2013

Poblaciones migrantes	2010	2011	2012	2013
Honduras	762,669	863,091	889,629	971,053
Nicaragua	361,317	393,858	379,346	407,088
Guatemala	1,011,218	1,082,881	1,171,888	1,250,926
El Salvador	1,015,479	1,047,034	1,121,904	1,149,006
Cuatro países	3,150,683	3,386,864	3,562,767	3,778,073

Fuente: Estimado de poblaciones, Manuel Orozco.[23]

Gráfico 1.5: Migrantes centroamericanos como
porcentaje de la población de su país de origen

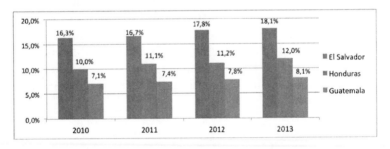

Fuente: Cálculos del autor sobre el total de poblaciones,
utilizando estimados de población migrante y data del Banco
Mundial.[24]

Prosperidad para algunos

La desigualdad también presenta un desafío importante. Según un reciente análisis del Banco Mundial, la

---

[23]   Para una discusión más detallada, ver Manuel Orozco y Julia Yansura,
"Central American Migration in Context: Understanding the Crisis of
Central American Child Migrants", Diálogo Interamericano, agosto de
2014.

[24]   Ibid.

disminución de la desigualdad se ha estancado a partir de 2010 y desde entonces permanece constante. Además, las ganancias en la reducción de la pobreza han sucedido gracias al incremento de los ingresos, no a cambios en su distribución: "Aún y cuando las ganancias (económicas) generalizadas de la década fueron significativas, uno de cada cinco latinoamericanos no se ha beneficiado de ellas y ha permanecido en la pobreza en los últimos diez años. Por ello esta situación demuestra la necesidad de cambio en las políticas."[25]

En los países centroamericanos, el quintil superior gana entre el 51 y el 62% del ingreso total, como lo muestra el Cuadro 1.6. La desigualdad de ingresos es especialmente pronunciada en Guatemala y en Honduras. Honduras es una de las sociedades con niveles más altos de desigualdad en el mundo,[26] con áreas donde se concentra la riqueza rodeada por zonas de intensa pobreza. De 2009 a 2011, "Honduras tuvo el incremento en niveles de desigualdad más rápido en Latinoamérica y ahora es etiquetado como el país con la más alta desigualdad en distribución de ingresos en la región," según el Center for Economic and Policy Research.[27]

---

[25]   "Working to End Poverty in Latin America and the Caribbean: Workers, Jobs, and Wages," Banco Mundial, 2015. Disponible en: https://goo.gl/vZ1tgK

[26]   "Map: How do the world's countries compare on income inequality?," The Washington Post, 27 de septiembre de 2013. Disponible en: http://goo.gl/bx4K7x

[27]   "In post-coup Honduras, rising poverty and inequality, report says," Los Angeles Times, 6 de noviembre de 2013. Disponible en: http://goo.gl/1lsc5M

Cuadro 1.6: Distribución de ingreso nacional por quintil, 2013 o valor más reciente (%)

País	Quintil superior, 2000	Quintil superior, 2005	Quintil superior, 2010	Quintil superior, 2013 o VMR
Costa Rica	52.0	52.0	54.4	56.0
El Salvador	57.0	-	50.6	51.0
Guatemala	-	62.6[28]	-	62.6
Honduras	-	-	60.4	60.4
Nicaragua	61.6[29]	57.6	52.6[30]	52.6
Panamá	58.6[31]	56.6	56.4	56.4

Fuente: Data de CEPAL STAT. Julio de 2015.[32]

Endeudamiento

Entre los temas de importancia que continúan inquietando está la deuda externa. Entre los países centroamericanos, la deuda externa como porcentaje del PIB varía entre un 25% y un 45% por encima del promedio latinoamericano. En algunos casos, la deuda externa ha disminuido gracias a negociaciones con instituciones internacionales, como el Fondo Monetario Internacional (FMI). Nicaragua y Honduras, que fueron clasificados como "Países Pobres Muy Endeudados" por el FMI, acordaron implementar estrategias de reducción de pobreza a cambio de un alivio de la deuda.[33] Estas estrategias provocaron resultados mixtos; a pesar de ellas, los niveles de pobreza y de endeudamiento continúan siendo desafíos persistentes.

---

[28] Valor 2006.
[29] Valor 2001.
[30] Valor 2009.
[31] Valor 2001.
[32] Datos de CEPAL STAT. Accesados en 6/2015. Disponible en: http://goo.gl/lsqDEK
[33] "Debt Relief Under the Heavily Indebted Poor Countries (HIPC) Initiative," Fondo Monetario Internacional, 29 de mayo de 2015. Disponible en: https://goo.gl/hU7GMY

Cuadro 1.7: Deuda externa como % de PIB

País	2000	2001	2002	2003	2004	2005	2006	2007	2008
Costa Rica	33.3	32.1	31.5	31.8	31.0	33.9	31.9	32.1	30.5
El Salvador	21.6	22.8	27.9	52.6	52.0	51.9	52.2	46.5	46.6
Guatemala	15.4	15.6	15.0	15.8	16.0	32.5	32.6	32.0	28.5
Honduras	65.5	62.2	63.9	64.9	67.9	52.6	36.0	25.8	25.0
Nicaragua	130.3	119.1	121.8	123.9	93.1	84.6	66.7	45.4	41.4
Panamá	45.2	49.7	48.5	47.1	47.7	45.9	42.6	39.2	34.1
América Latina	33.8	35.0	39.0	39.0	33.6	24.3	20.8	19.4	17.2

Fuente: Data de CEPAL STAT. Julio de 2015.[34]

Políticas económicas: produciendo crecimiento pero no desarrollo

Tomando en consideración estos temas subyacentes es importante considerar si las políticas económicas están estructuradas de una manera que promuevan no sólo crecimiento económico sino también desarrollo. Esta sección considera las prioridades en políticas así como las políticas actualmente en ejecución; se presta especial atención a las monetarias y fiscales. Muchos países enfrentan el reto de tratar aspectos económicos subyacentes ya que los problemas de seguridad son priorizados porque se considera que requieren atención inmediata. Además, continúan considerando al sector agrícola como una prioridad por encima de otras áreas que probablemente ofrecerían más potencial de crecimiento económico. En resumen, traducir crecimiento económico en desarrollo sostenible y equitativo constituye un reto importante para quienes formulan políticas en el área.

---

[34]   Datos de CEPAL STAT. Junio de 2015. Disponible en: http://goo.gl/lsqDEK

Prioridades en políticas

Un análisis de frecuencia de uso de palabras en un texto, es decir cuántas veces se mencionan las palabras x, y, z en los planes de desarrollo,[35] nos brinda un sentido de las prioridades macroeconómicas en la región. Según este análisis, las prioridades incluyeron como las mayores prioridades reducir la pobreza, combatir la inseguridad y fortalecer la salud y la educación. Además, un análisis del lenguaje relacionado con el método o los medios para alcanzar estas prioridades de desarrollo indica que los planes de desarrollo se enfocan en efectividad, en resultados, en fortalezas y en transparencia (aunque no necesariamente en ese orden), como el siguiente cuadro lo muestra. En términos del análisis de frecuencia de uso de palabras, la agricultura aparece en el área económica de mayor interés en documentos de desarrollo nacional en todos los países con la excepción de Costa Rica.

Cuadro 1.8: Análisis de frecuencia de uso de palabras para planes de desarrollo nacional

Plan de desarrollo le da prioridad a...		CR	SLV	GTM	HON	NIC	PAN
Ranking (1 = más frecuente)	Reducir la pobreza	3	6	1	2	1	7
	Combatir inseguridad	6	1	5	1	3	4
	Fortalecer la educación	2	2	3	6	2	1
	Mejorar la salud y la asistencia de salud	4	3	2	5	5	6
	Generar empleo	1	4	6	3	4	3
	Desarrollar innovación y tecnología	5	8	8	4	7	2
	Proveer oportunidades para la juventud	7	7	7	8	6	9
	Tratar los temas de migración y de remesas	10	9	9	10	10	10
	Incluir el desarrollo de mujeres y de niñas	9	5	4	9	8	8
	Proporcionar alojamiento decente	8	10	10	7	9	5

---

[35]   Esto incluye: 1) Costa Rica: Plan Nacional de Desarrollo 2014-2018; 2) El Salvador: Plan Quinquenal de Desarrollo 2014-2019, "El Salvador Productivo, Educado y Seguro"; 3) Guatemala: K'atun 2013, "Nuestra Guatemala"; 4) Honduras: Plan Estratégico de Gobierno 2014-2018; 5) Nicaragua: Plan Nacional de Desarrollo Humano 2012-2016; 6) Panamá: Plan Estratégico de Gobierno 2015-2019, "Un Solo País".

Plan de desarrollo le da prioridad a...	CR	SLV	GTM	HON	NIC	PAN
Las estrategias deberían ser (forma de ejecutar)....	CR	SLV	GTM	HON	NIC	PAN
Ranking (1 = más frecuente) — Transparentes	5	5	5	3	5	5
Efectivas e impulsadas por los resultados	1	3	1	1	2	1
Equitativas	4	4	4	5	4	4
Respetuosas y basadas en el respeto de derechos	2	2	3	4	3	3
Fuertes	3	1	2	2	1	2
Las prioridades económicas son...	CR	SLV	GTM	HON	NIC	PAN
Ranking (1 = más frecuente) — Agricultura	2	1	1	1	1	1
Servicios del sector bancario y financiero	7	9	11	9	9	8
Negocios	1	3	3	5	4	4
Exportaciones	5	7	5	3	5	5
Pesca	9	11	8	11	8	10
Importaciones	10	8	12	7	12	9
Industria	6	5	2	2	2	6
Minería	11	12	10	12	10	7
Remesas	12	6	9	10	11	12
Pequeñas y medianas empresas	8	4	7	6	6	11
Turismo	4	2	6	4	7	2
Comercio	3	10	4	8	3	3

Fuente: Análisis a partir de planes de desarrollo nacionales para términos y conceptos seleccionados.

Política monetaria

En cuanto a la política monetaria, una consideración fundamental para los países de la región es atraer y mantener la inversión internacional y proteger las exportaciones. Por muchos años, la política monetaria en los países de la región no dolarizados ha mantenido una moneda devaluada con el propósito de proteger estos sectores. Con el movimiento de los países hacia tasas determinadas por el mercado, surge la inquietud de que el sector de exportaciones sufra.

Cuadro 1.9: Políticas monetarias, 2015

País	Tendencias y noticias
Costa Rica	• Durante aproximadamente treinta años, el Banco Central de Costa Rica (BCCR) ha manejado activamente el mercado de divisas para proteger a los sectores relacionados con las exportaciones.[36] • En 2015, el país adoptó un régimen de cambio flotante y redujo la tasa de políticas monetarias y la tasa de interés varias veces como reacción a la desaceleración económica.[37] • BCCR sigue tomando medidas con el propósito de mantener la inflación dentro del límite del rango meta.[38]
El Salvador	• El Salvador ha dolarizado su economía con opciones limitadas para política monetaria independiente.
Guatemala	• Uno de los más bajos niveles de inflación en la región, según estadísticas de 2015.[39] • Jefe del Banco Central, junto con muchos otros oficiales, fueron arrestados en 2015 por escándalos de corrupción.
Honduras	• La tasa de política monetaria y la tasa de interés fueron disminuidas en 2015. • Discusión sobre si la sobrevaloración del Lempira lastima las exportaciones.[40]
Nicaragua	• Nicaragua es uno de dos países en el mundo con un tipo de cambio de deslizamiento preanunciado,[41] con un descenso anual de 5% contra el dólar. • El gobierno sandinista ha argumentado que el vínculo a los dólares es una parte clave de la habilidad de Nicaragua para atraer inversión extranjera. • Alto grado de dolarización informal.
Panamá	• Panamá tiene una economía dolarizada, con opciones limitadas para política monetaria independiente.

Fuente: Bancos Centrales de cada país.

36   Jaime Lopez, "Conclusion of IMF Consultation with Costa Rica", The Costa Rica Star, 7 de febrero de 2015. Disponible en: http://goo.gl/Rt0LQ6

37   "Costa Rica Adopts New Exchange Rate Regime, Moves to Free-Floating Currency", Focus Economics, 12 de febrero de 2015. Disponible en: http://goo.gl/kz2j37

38   Eugenia Soto Morales, "Control de inflación se complica", El Financiero, 28 de agosto de 2015. Disponible en: http://goo.gl/NdQquL

39   "Honduras con la segunda inflación más alta de Centroamérica", La Prensa de Honduras, 8 de enero de 2015. Disponible en: http://goo.gl/Siofqg

40   "Política monetaria obstaculiza reactivación económica en Honduras", El Heraldo, 12 de enero de 2015. Disponible en: http://goo.gl/ypibfL

41   "Sistema Monetario", Banco Central de Nicaragua, marzo de 2014. Disponible en: http://goo.gl/EUsDU7

Las políticas monetarias centradas en la inflación han comenzado a emerger en algunos países de la región. Los resultados de esas políticas aún no son muy claros para aquellos que han iniciado a aplicarlas; para otro grupo de países no es siquiera objeto de discusión.

Política fiscal

La recaudación de impuestos ha presentado un desafío para los países centroamericanos. Enfrentan un dilema: sin apoyo público ni confianza tienen poca legitimidad para recolectar, pero sin fondos del gobierno están en mala posición para proveer el tipo y la calidad de servicios que incrementarían el apoyo público.

Gráfico 1.6: Ingresos fiscales del gobierno central como % del PIB, por país

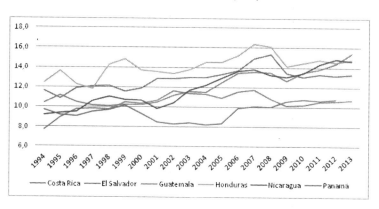

Fuente: Data de CEPAL STAT. Julio de 2015.[42]

Con fondos limitados, los Gobiernos de la región deben escoger qué necesidades y qué prioridades abordar,

---

[42]   Datos de CEPAL STAT. Junio de 2015. Disponible en: http://goo.gl/lsqDEK

ya que algunas se presentan como más urgentes que otras. Las pautas de gastos varían de país en país y pueden ser medidas en términos de porcentaje sobre gastos totales del Gobierno o como porcentaje del PIB.

- En Costa Rica, los gastos públicos representan el 73.1% de los gastos generales del Gobierno, lo cual "enfatiza la enorme importancia (prioridad fiscal) que el Gobierno le concede a temas de importancia social".[43] En 2010, el gasto público social alcanzó US$ 1,787 por persona (en tipo de cambio actual) y estos gastos representaron el 20.3% del PIB. Dentro de los gastos sociales, la cantidad más grande fue alocada para educación, salud y pensiones. [44]

- En El Salvador, los gastos públicos representaron el 22.3% del PIB y el gasto público social representó el 8.6% del PIB en 2011. "Es decir que El Salvador tiene un Gobierno de tamaño pequeño o mediano en comparación con otros países dentro y fuera de la región," concluyeron algunos analistas.[45] Además las investigaciones sobre el Proyecto de Compromiso por la Equidad han encontrado que las políticas de El Salvador tienen un impacto pequeño, nulo o incluso negativo en la reducción de la pobreza, dependiendo de la metodología utilizada.[46]

- En Guatemala, los gastos primarios del gobierno fueron sólo el 13.6% del PIB en 2010, uno de los más bajos en la América Latina. Los gastos sociales alcanzaron sólo el

[43]   Pablo Sauma y Juan Diego Trejos, "Social Public Spending, Taxes, Redistribution of Income, and Poverty in Costa Rica", Commitment to Equity, Working Paper, N.° 18, marzo de 2014. Disponible en: http://goo.gl/p2EAQs

[44]   Ibid.

[45]   Margarita Beneke, Nora Lustig, y Jose Andres Oliva, "El impacto de los impuestos y el gasto social en la desigualdad y la pobreza en El Salvador", Commitment to Equity, Documento de Trabajo, N.° 26, marzo de 2015. Disponible en: http://goo.gl/6L66TA

[46]   Ibid.

5.5% del PIB.[47] Un reciente fraude y escándalo por corrupción involucró evasión de impuestos que llegó a US$ 350 millones en ingresos anuales o aproximadamente al 5% del total de los ingresos del Gobierno",[48] lo cual probablemente afectará la confianza en cuanto a las políticas fiscales.

- En Honduras, los gastos públicos en el presupuesto de 2015 se enfocan en la educación (35.9% total), en salud (20.0% total) y en defensa y seguridad (8.7% y 6.2% respectivamente).[49]

- En 2015, se espera que los ingresos de Nicaragua alcancen C$ 55,309.4 millones, el 92.6% de los cuales provendrían de ingresos tributarios. Del total de gastos de 61,000 millones de córdobas, la mayoría de los gastos se ubica en salud (10,838), en educación (10,419), en servicio de deudas (3,580), en justicia y cortes (2,441), en policía (2,292) y en defensa (1,952).[50]

- En Panamá, el presupuesto del año fiscal 2015 alcanzó los 19.5 mil millones de dólares. Coloca fondos para el desarrollo de nueva infraestructura, como la línea 2 del Metro de Panamá, la renovación urbana de Colón y programas de salud y agua potable. Además US$ 2,324 millones serán destinados a la inversión social para "satisfacer las necesidades de los sectores más vulnerables de la sociedad".[51]

---

[47]   Maynor Cabrera, Nora Lustig y Hilicías Morán, "Fiscal Policy, Inequality and the Ethnic Divide in Guatemala", Commitment to Equity, Working Paper, N.° 20, octubre de 2014. Disponible en: http://goo.gl/5TBpYW

[48]   Daniel Suchar Zomer, "Guate'mala' para economía de CA", Estrategia y Negocios, 23 mayo de 2015. Disponible en: http://goo.gl/oLGzE6

[49]   Hugo Noé Pino, "Un ajuste a la medida de las élites económicas", Instituto Centroamericano de Estudios Fiscales (ICEFI), 26 mayo de 2015. Disponible en: http://goo.gl/Wa9WAF

[50]   "Observatorio Nuestro Presupuesto", Gobierno de Nicaragua. Disponible en: http://goo.gl/SiDZdc

[51]   "National Assembly Approves Budget 2016", Ministerio de Economía y Finanzas, Gobierno de Panamá. Disponible en: http://goo.gl/mLJymX

El siguiente cuadro resume los gastos del Gobierno de acuerdo con tres áreas clave: educación, salud y defensa.[52] Es importante notar que los gastos en salud y en ejército incluyen sólo los gastos del Gobierno central, así que las verdaderas cantidades podrían ser más altas si se consideran los gastos del Estado y del Gobierno local.

Cuadro 1.11: Gastos del Gobierno (% del total de gastos del Gobierno central)

	Costa Rica	El Salvador	Guatemala	Honduras	Nicaragua	Panamá
Gastos del Gobierno, como % de los gastos totales del Gbierno						
Educación	23.4% (2009)	15.9% (2011)	20.6% (2013)	35.9%[53]	22.8% (2010)	13.0% (2011)
Salud	26.9% (2013)	18.2% (2013)	17.0% (2013)	12.2% (2013)	20.9% (2013)	12.8% (2013)
Ejército	0.0%	5.6% (2012)	3.4% (2012)	4.3% (2012)	4.4% (2012)	NA

Fuente: "Education, Health, and Military", Data del Banco Mundial. Julio de 2015. "Honduras Educación", ICEFI, 2014.[54]

---

[52]   Es importante notar que, a pesar de que la pauta de gastos refleja las prioridades de desarrollo del país, no necesariamente garantiza resultados positivos en desarrollo. En áreas como la educación y la salud, hay ineficiencias que debilitan el impacto que podrían causar los gastos públicos.

[53]   Hugo Noé Pino, "Un ajuste a la medida de las élites económicas", Instituto Centroamericano de Estudios Fiscales (ICEFI), 26 mayo de 2015. Disponible en: http://goo.gl/Wa9WAF

[54]   Datos del Banco Mundial sobre educación, salud y Ejército. Junio de 2015. Disponible en: http://goo.gl/zxPXNR Para datos sobre Honduras, ver Hugo Noé Pino, "Un ajuste a la medida de las élites económicas", Instituto Centroamericano de Estudios Fiscales (ICEFI), 26 mayo de 2015. Disponible en: http://goo.gl/Wa9WAF

Capítulo 2. Tendencias sobre la migración centroamericana[55]

Este capítulo busca brindar luz en el tema de la migración reciente centroamericana. Es un intento de contribuir al debate alrededor del marcado incremento de personas menores de edad no acompañadas que migran a Estados Unidos específicamente desde Centroamérica. El capítulo incorpora datos acerca de temas relevantes para este aumento migratorio y presenta perspectivas de personas y de comunidades afectadas.[56]

El análisis se alimenta de datos acerca de 900 municipalidades para comprender la relación entre las comunidades de donde provienen las personas migrantes y variables relevantes, como el desarrollo humano,[57] la violencia[58] y la educación. Adicionalmente, presenta resultados de dos encuestas: una encuesta nacional realizada en El Salvador y otra realizada con inmigrantes centroamericanos en Washington DC (Estados Unidos).

---

[55] Manuel Orozco y Julia Yansura, Diálogo Interamericano, agosto de 2014. Contribuciones importantes en el trabajo de campo por parte de Laura Porras, Jean Coleman, y Brigid Carmichael del Diálogo Interamericano.

[56] Además de encuestas, esto incluye entrevistas profundas con organizaciones comunitarias involucradas en el tema, así como con la madre de una migrante menor de edad que recientemente ingresó a Estados Unidos. Extractos de esta entrevista pueden ser encontrados en los cuadros de texto.

[57] El Índice de Desarrollo Humano (IDH) es una estadística compuesta por expectativa de vida, educación e indicadores relacionados con el ingreso. Un IDH alto refleja un rango alto de IDH; por ejemplo, en el año 2013 Noruega fue el país con mejor IDH del mundo con un indicador de 0.944. Para más información: http://goo.gl/LWf6hY

[58] Para efectos de esta investigación se utiliza el número de homicidios como indicador para medir la violencia (proxy). Sin embargo, es importante tener en cuenta que la violencia, especialmente en Centroamérica, toma diversas formas, que incluyen la violencia por parte de pandillas, la extorsión, los raptos, el acoso político, el abuso sexual, entre otros.

Migración, violencia y desarrollo en Centroamérica

La difícil historia de América Central ha incluido largos períodos dictatoriales y militarizados acompañados por problemas estructurales como la desigualdad social y económica. Como resultado, la migración durante las décadas de 1970 y de 1980 fue impulsada primordialmente por la inestabilidad política, para luego en los años noventa pasar a ser empujada mayoritariamente por factores económicos. Hoy en día la región sigue experimentado grandes movilizaciones migratorias, con más de 100,000 personas centroamericanas que entran a Estados Unidos cada año, muchas de ellas sin un estatus migratorio legal. Estos movimientos se asocian con las cambiantes dinámicas globales, que incluyen la demanda de mano de obra no calificada en agricultura, el incremento del crimen organizado y de la violencia entre pandillas transnacionales, así como la continua violencia política.

En resumen, la región ha pasado por al menos tres períodos migratorios, desde la década de 1970 hasta el presente:

- Migración por causas políticas: como resultado de la represión y de los conflictos armados (décadas de 1970 y de 1980)
- Migración económica: a partir de los procesos de paz (décadas de 1990 y de 2000)
- Migración actual, resultado de las dinámicas transnacionales:[59] con factores impulsores como la violencia, la reunificación familiar, el trabajo y el crecimiento económico (década de 2000 al presente)

Hoy en día, millones de centroamericanos viven fuera de sus países y un 80% de ellos viven en Estados Unidos:

---

[59] Se entiende por dinámicas transnacionales aquellas que se extienden a través de fronteras, que usualmente cuentan con factores de alta interconectividad social y económica.

Cuadro 2.1: Centroamericanos viviendo en el extranjero, 2010-2013

Población emigrante de	2010	2011	2012	2013	2014
Honduras	762,669	863,091	889,629	971,053	983,676
Nicaragua	361,317	393,858	379,346	407,088	412,380
Guatemala	1,011,218	1,082,881	1,171,888	1,250,926	1,267,188
El Salvador	1,015,479	1,047,034	1,121,904	1,149,006	1,163,943
Cuatro países	3,150,683	3,386,864	3,562,767	3,778,073	3,827,187

Fuente: Estimaciones de Población, Manuel Orozco.[60]

Las variables que afectan la migración

Los ciclos migratorios y el crecimiento macroeconómi-co se encuentran visiblemente asociados con la migración pero no son las variables únicas, ni las más útiles, para entender la crisis actual.

Las razones del crecimiento de la migración de los países centroamericanos siguen siendo debatidas. Hay quienes sugieren que, a nivel de cada país, la cantidad de personas migrantes está asociada a los ciclos previos de migración. Sin embargo, el caso de Honduras llama la atención en cuanto a esta asociación. Honduras es el país cuya historia migratoria es más reciente en cuanto a flujos: la explosión migratoria inicia recientemente, en 1999, des-pués del Huracán Mitch de 1998. Actualmente la proporción de hondureños fuera de su país es más elevada que la de Guatemala, el país con la más larga tradición migratoria internacional. Adicionalmente, podemos observar que no hay proporcionalidad entre la migración y el tamaño de la población nacional de los países, como se muestra en la siguiente cifra.

---

[60]   Para detalles acerca de la metodología, ver los anexos metodológicos.

Gráfico 2.1: Emigrantes centroamericanos como
porcentaje de población del país de origen

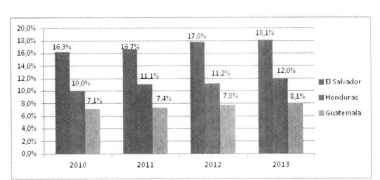

Fuente: Manuel Orozco, usando estimaciones de población[61] y
números de población total del Banco Mundial.

A nivel macro, es difícil identificar y hacer generali-
zaciones acerca del impacto que tiene la migración sobre
el crecimiento económico, independientemente de si ha-
blamos de un país que importa o exporta su fuerza laboral. De hecho, un análisis acerca de la migración y de las
variables de crecimiento económico no mostró resultados
concluyentes acerca de si las personas migran por factores
macroeconómicos.[62] Por otra parte sí existe evidencia de
que la diferencia en el ingreso entre un país y otro afecta los
movimientos migratorios.[63] Más aún: ya que la migración
es un fenómeno que no ocurre de manera homogénea a lo
largo de un mismo país, un análisis macroeconómico no

[61]   Para más detalle, ver el anexo metodológico.
[62]   Se desarrolló un modelo OLS para los años 2000-2012 para los tres países
       usando el log de migración con un año de rezago, el desempleo en países
       de origen, el desempleo en Estados Unidos, la tasa de crecimiento y la
       inflación. Las relaciones eran inconsistentes en relación con lo esperado.
[63]   Ana Mayda, "International Migration: A Panel Data Analysis of Economic
       and Non-Economic Determinants", IZA Discussion Paper, N.° 1590, 2005.

ofrece necesariamente todas las herramientas necesarias para identificar los factores que motivan la migración.

Es útil entonces echar un vistazo al proceso migratorio teniendo en cuenta que sus raíces se encuentran en una complejidad de dinámicas, entre las cuales factores como el crecimiento (económico) o el desarrollo por sí solos no ofrecen explicación suficiente.[64] Existe una serie de dinámicas particulares que impulsan la migración, muchas de las cuales cuentan con un importante componente local y están asociadas con redes de migración u otros factores, por ejemplo los factores disruptivos de la vida cotidiana causados por eventos violentos. La siguiente sección analiza estos factores locales.

Acerca de las comunidades de origen de las personas migrantes

Un análisis de las comunidades de origen de los migrantes ofrece importantes explicaciones acerca de las razones por las que parten.[65] Estas observaciones son de particular importancia ya que la migración desde los países centroamericanos, aunque no es nueva, ha crecido significativamente en años recientes.

---

[64]   Douglas S. Massey, Joaquin Arango, Graeme Hugo, Ali Kouaouci, Adela Pellegrino, y J. Edward Taylor, "Theories of International Migration: A Review and Appraisal", Population and Development Review, Vol. 19, N.° 3., septiembre de 1993, pp. 431-466.

[65]   La información incluye el Índice de Desarrollo Humano (IDH), cantidad de homicidios de personas adultas y personas menores de edad y la cantidad de personas migrantes de cada municipalidad. Datos adicionales recogidos incluyen el tamaño total de población, matrícula escolar en la municipalidad y resultados de encuestas acerca de percepciones en relación a la violencia. La base de datos incluye también puntos de pago donde se pueden recibir remesas. Nuestras encuestas confirman que, en la gran mayoría de los casos, quien migra envía remesas a su comunidad de origen.

Cuadro 2.2: Migrantes cruzando la frontera sur de Estados Unidos - países seleccionados, 2010-2014

País de origen	2010	2011	2012	2013	2014
Honduras	27,733	31,385	32,350	35,311	38,480
Nicaragua	4,662	5,082	4,895	5,253	5,502
Guatemala	36,772	39,377	42,614	38,759	42,264
El Salvador	34,619	35,694	38,247	42,435	44,676
Subregión	103,786	111,539	118,106	121,758	130,922

Fuente: Estimaciones de migración, Manuel Orozco. Para más sobre esta metodología, ver los anexos.

Los cuadros subsiguientes, que presentan indicadores recolectados para unas 900 municipalidades en El Salvador, en Honduras y en Guatemala, ayudan a comprender los factores por los que las personas están migrando. También revelan información acerca de las razones para migrar a la luz de factores como la violencia y los bajos niveles de desarrollo económico y humano.[66]

El cuadro que se presenta a continuación compara las municipalidades que experimentan migración con aquellas que no lo hacen.[67] Se observa que las comunidades donde se da la emigración son aquellas con más alta población. También son aquellas en las que ocurren la mayoría de los homicidios en cada país. En Honduras, por ejemplo, cerca del 90% de los homicidios ocurren en municipalidades desde las cuales emigran personas.

---

[66]   Para mayor explicación de fuentes y métodos, refiérase a los anexos.

[67]   Esta categorización usa puntos de pago de remesas como un proxy para migración. Usando data de compañías de transferencia de remesas es posible dividir municipalidades entre los que reciben remesas de migrantes y los que no han recibido remesas.

Cuadro 2.3: Migración de Centroamérica: indicadores por pueblos de origen

		El Salvador	Guatemala	Honduras
Municipalidades con emigración[68]	Homicidios en 2013	2,025	5,086	6,073
	% del total de homicidios ocurriendo en estas municipalidades	81.6%	99.8%	89.8%
	IDH promedio por municipio	0.7051	0.5921	0.6146
	Población total de municipalidades	4,780,412	15,731,694	7,157,631
	% del total de población del país	79.2%	99.4%	82%
	Población municipal promedio	40,858	48,555	47,090
Municipalidades sin emigración o con poca emigración[69]	Homicidios en 2013	456	12	690
	% del total de homicidios ocurriendo en estas municipalidades	18.4%	0.2%	10.2%
	IDH promedio por municipio	0.6677	0.5531	0.5886
	Población total de municipalidades	1,258,361	92,750	1,567,650
	% del total de población del país	20.8%	0.6%	18%
	Población municipal promedio	8,678	10,306	10,737

Fuente: Manuel Orozco. Para indicadores, ver el anexo.

El análisis estadístico confirma la importancia del papel de la violencia en la emigración. Como ilustra el Cuadro 2.4, las tasas de homicidios son estadísticamente significativas para los tres países en cuanto a su asociación con la migración. La variable de población total también

---

[68] Ibid.

[69] Esta categorización usa puntos de pago de remesas como un proxy para migración. Usando datos de compañías de transferencia de remesas es posible dividir municipalidades entre los que reciben remesas de migrantes y los que no han recibido remesas.

está asociada a ella de manera significativa. La asociación entre migración y desarrollo local es negativa y no es significativa para los casos de Guatemala y Honduras. En cuanto al IDH, su poca variabilidad en lo interno de cada país (una desviación estándar de apenas entre 0.07 y 0.62 para el promedio de IDH) lleva a concluir que este indicador puede no capturar todos los factores determinantes del impacto del desarrollo local sobre la migración y por tanto que se requiere un mayor análisis del tema.

Cuadro 2.4: Resultados de la regresión: migración, homicidios, Desarrollo Humano y población

	América Central	El Salvador	Guatemala	Honduras
Regresiones según indicadores de interés				
Homicidios en municipalidad (% del total del país)	0.891***	1.543***	1.063***	0.234***
IDH por municipalidad	0.004	-0.034***	-0.001	-0.004
Población de la municipalidad (% del total del país)	0.392***	0.554***	0.095***	1.091***
Parámetros Estadísticos				
r2	0.8	0.64	0.84	0.938
n=	897	262	333	298
Constante	-0.004	0.019	0	-0.001***

Fuente: Manuel Orozco. Para indicadores, ver Anexo.
* Estadísticamente significativo al nivel 10%
** Estadísticamente significativo al nivel 5%
*** Estadísticamente significativo al nivel 1%

El caso de los migrantes menores de edad

La migración de niños y de niñas no es un fenómeno nuevo, pero sí uno que ha crecido exponencialmente en los últimos cuatro años.[70] El reciente aumento en la migración de menores de edad desde Centroamérica debe ser comprendido en el contexto de dinámicas locales, de manera similar al de la migración de personas adultas. Un análisis de los pueblos de origen de más de 15,000 menores de edad aprehendidos por las autoridades migratorias fronterizas de Estados Unidos entre enero y mayo de 2014 provee información reveladora acerca de los factores que causan la crisis.

Gráfico 2.2: Aprehensiones de menores de edad no acompañados en la frontera de Estados Unidos

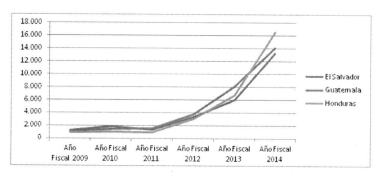

Fuente: "Unaccompanied Alien Children Encountered by Fiscal Year; Fiscal Years 2009-2013; Fiscal Year 2014 through June 30", US Customs and Border Patrol. Disponible en: http://goo.gl/JBEi4s

Los datos muestran patrones relativamente similares a los de la migración adulta, donde los homicidios constituyen un factor de expulsión clave. Como muestra el Cuadro 2.5, los pueblos de los que provienen los menores de edad pertenecen a las municipalidades con más población y más violencia. En el caso de Honduras, por ejemplo, en dichas municipalidades ocurre el 70% de los homicidios del país.

---

70   "Unaccompanied Alien Children Encountered by Fiscal Year; Fiscal Years 2009-2013; Fiscal Year 2014 through June 30", US Customs and Border Patrol. Disponible en: http://goo.gl/Pz8jtc

También son pueblos de los cuáles ha migrado ya una parte importante de la población. En el mismo caso hondureño, las municipalidades con niños y niñas que emigran son las mismas que dan origen al 77% de la emigración total (tomando en cuenta a mayores y a menores de edad).

Cuadro 2.5: Personas menores de edad migrantes: indicadores por pueblo de origen

Indicadores por municipalidad			El Salvador	Guatemala	Honduras
Municipalidades con emigración de menores de edad	Violencia	Homicidios en 2013	747	887	4,664
		% Homicidios total por país	30.1%	17.4%	69%
	Desarrollo	Porcentaje IDH por municipalidad	0.7237	0.6242	0.6586
	Emigración	Número Est. de migrantes	700,883	354,539	750,502
		% de migrantes (del total de migrantes del país)	61%	28.3%	77.3%
		Número promedio de emigrantes por municipalidad	46,726	39,393	30,020
	Población	Población Total	1,647,949	1,621,489	4,459,322
		% Población por país	27.3%	10.2%	51.1%
		Población promedio	109,863	180,165	178,373
Municipalidades con poca o sin emigración de menores de edad[67]	Violencia	Homicidios en 2013	1734	4211	2,099
		% Homicidios total por país	69.9%	82.6%	31%
	Desarrollo	Porcentaje IDH por municipalidad	0.6821	0.5901	0.5967
	Emigración	Número Est. de migrantes	448,123	896,387	220,552
		% de migrantes (del total de migrantes del país)	39%	71.7%	22.7%
		Número promedio de emigrantes por municipalidad	1,814	2,767	808
	Población	Población Total	4,390,825	14,202,955	4,265,960
		% Población por país	72.7%	89.8%	48.9%
		Población promedio	17,777	43,836	15,626

Fuente: Manuel Orozco. Para indicadores, ver el anexo.

[71] La categoría de "poca o no emigración de menores" indica que menos de cien menores de edad sin acompañante que provenían de estas provincias fueron aprehendidos por la policía fronteriza de Estados Unidos (US Border Patrol) entre enero y mayo de 2014. Estos datos

La técnica de regresión estadística confirma esta relación. Como muestra el Cuadro 2.6, la correlación entre violencia –medida como la cantidad de homicidios ocurridos en el municipio durante 2013– y el pueblo de origen de las personas menores de edad migrantes es más poderosa que la correlación entre el IDH de esas comunidades y los menores de edad aprehendidos en la frontera de esas municipalidades. En el caso de El Salvador, el resultado estadístico es similar a aquel que se da en la población adulta. Para Guatemala, los mejores predictores estadísticos son los homicidios y la cantidad de puntos de pago habilitados para recibir remesas en esa localidad. Para Honduras la violencia es el factor más relevante. Estos resultados apuntan a que, además de los homicidios, existen otros factores que afectan la migración de menores de edad.

Cuadro 2.6: Resultados de la regresión: migración, homicidios, Desarrollo Humano y población

	América Central	El Salvador	Guatemala	Honduras
Regresiones según indicadores de interés				
Homicidios en municipalidad (% del total del país)	1.278***	1.727***	1.035***	1.383***
IDH por municipalidad	0.002	-0.059***	0.003	0.015**
Migración por municipalidad		0.9***	1.9***	0.2***
Población de la municipalidad (% del total del país)	-0.077	0.493***	0.168	-0.406**
Parámetros estadísticos				
r2	0.50	0.54	0.315	0.87
n=	889	260	330	298
Constante	-0.002***	0.036***	-0.003***	-0.009***

Fuente: Manuel Orozco
* Estadísticamente significativo al nivel 10%
** Estadísticamente significativo al nivel 5%
*** Estadísticamente significativo al nivel 1%

provienen del mapa publicado por el Departamento de Homeland Security, disponible en: http://goo.gl/8mc5l3

Una comparación de los resultados de los Cuadros 2.4 y 2.6 sugiere que la migración de mayores y de menores de edad se da por las mismas razones. Sin embargo, existe una relación más fuerte entre violencia y migración de menores de edad que la que existe entre violencia y migración total.

Una mirada de cerca al caso de El Salvador

En cada país se entrelazan factores únicos que dan forma a las tendencias migratorias de adultos y de menores de edad. Una mirada de cerca al caso de El Salvador ayuda a entender las relaciones complejas entre migración, violencia y desarrollo.

El Salvador ha tenido un trayecto difícil en cuanto a su crecimiento económico y a su desarrollo. Desde 2004 el crecimiento económico aumentó levemente, para luego caer a -3% durante la recesión económica de 2009. Aunque ha mostrado desde entonces una modesta recuperación, ésta no ha alcanzado aún los niveles prerrecesión y ha sufrido más bien de una tendencia a la baja desde 2011.[72] Se añade a esto además el factor de que el mercado exportador salvadoreño produce un número limitado de productos para un pequeño grupo de países: aproximadamente el 40% del valor total de la producción es generada por sólo diez empresas y en un puñado de productos.[73] Este nivel de concentración crea vulnerabilidad hacia impactos externos. Finalmente, el propio modelo de desarrollo del país hace vulnerable o excluye a su ciudadanía: entre 2007 y 2008 el porcentaje de personas en pobreza aumentó de un 34.6% a un 40%.[74]

---

[72]   Indicadores de Desarrollo del Banco Mundial, Crecimiento del PIB (% anual). Agosto de 2014.

[73]   "INT Encourages Countries to Diversify Exports", Banco Interamericano de Desarrollo. Disponible en: http://goo.gl/vnHifk

[74]   "El Salvador Overview", Banco Mundial. Disponible en: http://goo.gl/8i0YEo

El Salvador también ha experimentado uno de los niveles de violencia más altos de la región centroamericana. El país vivió niveles relativamente bajos de violencia en la década de 1990 luego de los acuerdos de paz de 1992.[75] En los años siguientes, la violencia fue en aumento de la mano de una creciente presencia de grupos criminales organizados. La tasa de homicidios en El Salvador disminuyó un poco durante los últimos años y se ubicó levemente por debajo de la de Honduras; sin embargo, se mantuvo por encima de 40 homicidios por cada 100,000 habitantes (ver Gráfico 2.3). Durante el primer semestre de 2015, se observa un retorno de tasas comparables a las que prevalecían durante los años de conflicto armado debido a un recrudecimiento del conflicto entre el Estado y las pandillas.[76] La tasa de homicidios en San Salvador se ha encontrado entre las más altas de América Latina desde antes de este recrudecimiento.[77] La deportación de salvadoreños pertenecientes a pandillas desde los Estados Unidos hacia El Salvador también puede estar asociada al aumento de la violencia en el país.[78] Datos del Departamento de Homeland Security de Estados Unidos muestran altos niveles de deportados salvadoreños con antecedentes criminales[79] en la misma época en la que las organizaciones criminales emergen con más fuerza en El Salvador, lo cual hace plausible esta conexión.[80]

---

[75]   *Ibid.*

[76]   Solo en junio de 2015 el país alcanzó más de 650 homicidios (http://goo.gl/Wlz2MW)

[77]   "Estudio Global de Homicidios", UNODC, 2011. Disponible en: http://goo.gl/rtmRnQ

[78]   Mary Helen Johnson, "National Policies and the Rise of Transnational Gangs", Migration Policy Institute, abril de 2006. Disponible en: http://goo.gl/90vLJr

[79]   "Anuario de Estadísticas Migratorias", Department of Homeland Security. Disponible en: http://goo.gl/JTclsP

[80]   Para más acerca de este tema, ver Clare Ribando Seelke, "Gangs in Central America", Congressional Research Service, 2014. Disponible en: http://goo.gl/zF8cD8

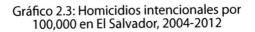

Gráfico 2.3: Homicidios intencionales por
100,000 en El Salvador, 2004-2012

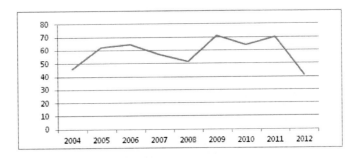

Fuente: "Homicide counts and rates, time series 2000-2012",
UNODC. Disponible en: http://goo.gl/LDcv8H

> *R., una migrante reciente que llevó a su hijo a Estados Unidos,*
> *manifiesta que está segura de que la violencia en El Salvador va a*
> *empeorar y que nadie –autoridad, policía o Gobierno– hará nada*
> *para cambiar este hecho.*

El Salvador es por lo tanto un país con una historia marcada por la violencia, por poco crecimiento económico y por una alta emigración. La continua violencia y la falta de oportunidades constituyen motivadores importantes para la migración. En esta sección se argumenta cómo los salvadoreños se sienten inseguros en su propio país y en muchos casos carentes de las oportunidades económicas que necesitan. La mitad de los salvadoreños conoce a alguien que ha dejado el país y la mayoría de ellos afirma que quienes han salido lo han hecho cruzando las fronteras sin documentación legal. Un cuarto de los salvadoreños consideraría dejar su país y cita a la violencia y la inseguridad como la razón principal.[81]

Las personas salvadoreñas consideran que la violencia y la inseguridad son los temas más graves en el país, seguidos

---

[81]   Encuesta a salvadoreños en El Salvador, Diálogo Interamericano, julio
de 2014.

por la falta de trabajo y por el alto costo de vida. Dentro de sus propias familias, los salvadoreños dicen que los problemas principales que enfrentan son económicos, y que incluyen un alto costo de vida y desempleo, lo que sugiere un intercambio importante entre preocupaciones económicas y de seguridad.

Las respuestas son variadas según el grupo demográfico. Por ejemplo, en la capital salvadoreña, San Salvador, los encuestados identifican la seguridad como su preocupación principal a nivel del hogar y nacional,[82] en una tasa más alta que en otras municipalidades. Personas con niveles más bajos de educación y de ingreso mostraron más preocupación por el costo de vida, mientras que personas con niveles de ingreso medio-alto se mostraron más preocupadas por la seguridad que las personas de ingreso bajo, medio y alto. Los problemas identificados por hombres y por mujeres fueron similares.

Cuadro 2.7: Percepciones de los principales problemas para su país y su hogar

Problema principal	Problema principal para su país (% todos respuestas del columna)	Problema principal para su familia en este momento (% todos respuestas del columna)
Seguridad	**46%**	12%
Costo de vida	13%	**28%**
Desempleo	16%	23%
Bajo salario	2%	5%
Corrupción	9%	3%
Pobreza	4%	5%
Situación económica	6%	12%
Educación	2%	2%
Otro	3%	11%

Fuente: Encuesta a salvadoreños en El Salvador, Diálogo Interamericano, julio de 2014.

---

[82]   29% y 79%, respectivamente.

Es importante notar cómo incluso si se agrupa los problemas económicos a nivel de país (costo de vida, desempleo, salarios bajos, pobreza y situación económica en general), siguen siendo considerados menos importantes que los problemas de seguridad a nivel nacional (de 41% a 46%).

A la luz de estos problemas, uno de cada cuatro salvadoreños ha considerado emigrar. Los factores demográficos parecen jugar un rol importante, y los hombres jóvenes son los más interesados en migrar, como muestra el Gráfico 2.4.

Gráfico 2.4: Salvadoreños considerando emigrar, por edad y género

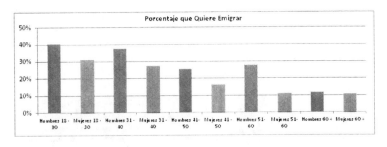

Fuente: Encuesta a salvadoreños en El Salvador, Diálogo Interamericano, julio de 2014.

El Cuadro 2.8 provee detalles acerca de los factores demográficos y de cómo se relacionan con el interés de migrar de las personas. Se observa que las personas con ingresos bajos o medios, aquellas con parientes en Estados Unidos y quienes se dedican a ciertas ocupaciones en particular son las más interesadas en emigrar.

Cuadro 2.8: Perfil demográfico de salvadoreños que consideran emigrar

Factores demográficos	Descripción	Ha considerado la emigración	No ha considerado la emigración
Género	Masculino	58%	48%
	Femenino	42%	53%
Ingreso promedio por hogar (mensual)	Menos que $ 200	31%	35%
	De $ 200 a $ 400	52%	43%
	De $ 400 a $ 600	11%	12%
	De $ 600 a $ 1000	3%	4%
	Más que $ 1000	4%	6%
Edad promedio		38 años	47 años
Ocupación actual (ocupaciones seleccionadas)	Trabajador agrícola	8%	5%
	Ama de casa	18%	34%
	Empresario	12%	10%
	Sin empleo	9%	7%
	Estudiante	9%	7%
	Jornalero	5%	3%
Miembros de la familia en el extranjero	En Estados Unidos	61%	43%
	En otro país	2%	2%
	No tiene familia en el extranjero	38%	54%
Remesas	Recibe remesas	26%	14%
	No recibe remesas	74%	85%

Fuente: Encuesta a salvadoreños en El Salvador, Diálogo Interamericano, julio de 2014.

Los salvadoreños que han considerado emigrar señalan como la principal razón para esto la falta de oportunidades en su país de origen (47%). Este aspecto es seguido por el crimen y la violencia (28%), las oportunidades en Estados Unidos (13%) y la reunificación familiar (9%).

Cuadro 2.9: Salvadoreños que consideran la emigración: razones citadas

Razones	% de razones mencionadas
Falta de oportunidades	47%
Crimen y violencia	28%
Oportunidad de trabajo en Estados Unidos	13%
Reunificación familiar	9%
Otro	3%

Fuente: Encuesta a salvadoreños en El Salvador. Diálogo Interamericano, julio de 2014.

La decisión de emigrar también puede estar conectada con el hecho de si el migrante potencial tiene familiares o amigos fuera del país. La mitad (50%) de las personas en El Salvador tiene a un pariente que vive fuera del país.[83] Al observar los tipos de relaciones familiares más cercanas, el 5% tiene a uno de sus padres en Estados Unidos; el 8%, a un hijo o a una hija; y el 20%, a un hermano o a una hermana. Entre las personas con familiares que viven en Estados Unidos, un 81% afirma que sus familiares están en ese país sin un estatus legal y que un 72% de ellos no planea regresar en el corto plazo.

Un tercio de salvadoreños conoce a alguna persona que ha salido del país en los últimos 12 meses. En algunas municipalidades (El Rosario, Usulután, Anamorós, San Pedro Masahuat e Ilobasco), la mayoría de las personas conocen a alguien que se ha marchado recientemente. Lo más frecuente es que la persona que se ha marchado recientemente entre a Estados Unidos cruzando la frontera de manera ilegal, según muestra el siguiente gráfico.

---

83   Un 48% reporta tener algún pariente en Estados Unidos y un 2% tener algún pariente en otro país.

Gráfico 2.5: Salvadoreños que conocen
a un migrante reciente

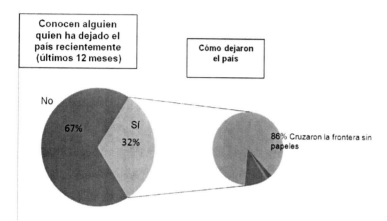

Fuente: Encuesta a salvadoreños en El Salvador, Diálogo Interamericano, julio de 2014.

Tener a un pariente o alguna red social en Estados
Unidos puede afectar la decisión de una persona de El
Salvador para emigrar, pero no parece ser el mayor impulsor de las recientes oleadas migratorias desde la región
centroamericana. Como muestra el cuadro que se incluye
a continuación, las personas salvadoreñas con conocidos
o parientes en Estados Unidos consideran emigrar en tasas más altas que aquellas personas sin estas redes. Sin
embargo, es importante notar que la mayoría de personas
con parientes o con conocidos en Estados Unidos no ha
considerado emigrar.

Cuadro 2.10: Familia y amigos en Estados Unidos en relación con la emigración

Familia y amigos en Estados Unidos	Han considerado la emigración	No han considerado la emigración
Tienen familia en Estados Unidos	32%	67%
No tienen familia en Estados Unidos	19%	80%
Conocen a un migrante reciente (último año)	36%	64%
No conocen a un migrante reciente (último año)	20%	79%
Promedio	25%	74%

Fuente: Encuesta a salvadoreños en El Salvador, Diálogo Interamericano, julio de 2014.

Del otro lado: la percepción de los inmigrantes en cuanto a la migración y a la violencia

El tema de las personas menores de edad migrantes no acompañadas es sensible para muchas personas de la comunidad inmigrante en Estados Unidos. Oscar Chacón, Director Ejecutivo de Alianza Américas (antes NALACC), considera el tema como una "crisis humanitaria" que evidencia temas relacionados con la actual crisis en el sistema migratorio estadounidense, así como temas de desarrollo y de seguridad en los países de origen de los inmigrantes.

Las encuestas revelan que la gran mayoría de las personas inmigrantes centroamericanas (95%) están al tanto de las discusiones en temas migratorios, ya que han oído acerca de ellas en las noticias o bien a través de historias de personas que conocen. De hecho, casi la mitad de migrantes centroamericanos (47%) conocen a algún menor de edad que ha migrado recientemente.

Cuadro 2.11: Migrantes de Centroamérica
en Estados Unidos que conocen un
migrante reciente, por país de origen

País de origen	Conocen a un migrante reciente de su país (%)	Conocen a un migrante reciente, menor de edad de su país (%)	Hace cuánto llegó el migrante (en meses)
El Salvador	50%	45%	12.9
Guatemala	52%	35%	3.8
Honduras	67%	60%	5.0
Promedio	54%	47%	9.9

Fuente: Encuesta a migrantes centroamericano en Estados Unidos, Diálogo Interamericano, julio de 2014.

El tema tiene especial y dolorosa resonancia entre las muchas familias transnacionales de los Estados Unidos y de Centroamérica, en las cuales padres, hijos, hermanos y otros miembros de la familia viven lejos y enfrentan situaciones difíciles y por largos periodos de tiempo. Por ejemplo, encuestas con personas centroamericanas inmigrantes en Estados Unidos muestran que el 38% tiene al menos a un hijo o a una hija viviendo en su país de origen; esta proporción es todavía más alta entre migrantes indocumentados (49%).

Cuando M. cumplió 14, las Maras del pueblo comenzaron a presionarla, enviando sugestivas "notas" desde la cárcel cerca de su casa para tratar de reclutarla en su grupo. Debido a esa presión, M. no podía ir a la escuela y menos quedarse sola en la casa. Su hermano mayor no tuvo más opción que llevársela para su trabajo y que ella lo esperara todo el día. Un año después la situación no mejoraba. Su hermano mayor llamó a su madre en Estados Unidos y le preguntó si podía mandar a traer a M.

Oscar Chacón, de Alianza Américas, ve el flujo migratorio como un fenómeno causado "no por un factor único sino la combinación de varios factores". Aunque la violencia es "el factor detonante clave", subraya que otros factores contribuyen a la crisis actual, entre ellos la pobreza, las insuficientes oportunidades en el país de origen y factores relacionados con el sistema migratorio estadounidense.

En encuestas a inmigrantes en Estados Unidos, las personas centroamericanas identifican dos causas principales para el actual flujo de personas menores de edad: la violencia y la falta de oportunidades económicas en los países de origen. Para las personas provenientes de El Salvador y de Honduras, la violencia en su país de origen es claramente el factor expulsor más importante; mientras que para quienes provienen de Guatemala, los dos factores, la violencia y la falta de oportunidades, tienen un peso similar. La reunificación familiar, aunque es un factor relevante, es vista como un aspecto secundario en comparación con otros factores preponderantes, como la violencia y la pobreza.

Cuadro 2.12: Causas de migración de menores de edad (primera causa mencionada), por país de origen y género

Causas identificadas	Primera respuesta				
	El Salvador	Guatemala	Honduras	Fem.	Masc.
Violencia en país de origen	59%	38%	42%	58%	44%
Falta de oportunidades en país de origen	18%	35%	29%	16%	31%
Reunificación familiar	12%	14%	16%	13%	13%

Fuente: Encuesta a migrantes centroamericanos en Estados Unidos, Diálogo Interamericano, julio de 2014.

El porcentaje de personas encuestadas que identificaron la violencia como la principal causa de migración fue mayor entre quienes afirmaron conocer a un migrante reciente. Esta relación fue también de más peso para quienes migraron de El Salvador: el 76% de quienes afirmaron conocer a un migrante reciente citaron la violencia como principal factor expulsor mientras que sólo el 46% de quienes afirmaron no conocer a un migrante reciente citaron esta causa como la principal. Entre las personas encuestadas cuyo país de origen es Guatemala, el 47% de quienes conocían a un migrante reciente citaron la violencia como principal factor, en comparación con apenas un 29% que citaron este factor y que no conocían migrantes recientes. Para Honduras las cifras fueron de 43% y 4%, respectivamente.

Considerando todas las causas mencionadas –no sólo la primera mencionada, citada en el cuadro anterior–, la violencia se mantiene como el principal factor (36%), seguido por la falta de oportunidades económicas (29%). Ambos factores están asociados y es difícil separarlos. En muchos casos las personas encuestadas no identificaban uno de esos factores como la razón principal, sino que listaban ambas razones de forma contigua.

Menores de edad que entran a Estados Unidos: rutas peligrosas pero cada vez más baratas

Los cambios en las rutas y en los mecanismos que utilizan las personas migrantes para cruzar la frontera es un tema que requiere una investigación más profunda. Las personas menores de edad, acompañadas o no, utilizan las mismas rutas que las personas adultas. De acuerdo con datos de la Policía de Frontera de Estados Unidos (Border Patrol) para el año 2013, los corredores más utilizados son el valle del Río Grande (que incluye las ciudades de Río Grande, Reynosa y Brownsville, Texas) y Tucson (una frontera rural que se extiende por lugares como Nogales y Douglass, Arizona). Lamentablemente, las rutas utilizadas por los migrantes para ingresar a Estados Unidos de manera ilegal, ya sean personas menores de edad o adultas, son las más peligrosas y esto plantea importantes preocupaciones acerca de su seguridad.

Por ello, muchas personas migrantes son traídas a Estados Unidos por un coyote, al cual se contrata con la esperanza de que esta persona guíe la ruta y poder llegar de manera segura. De acuerdo con las encuestas a migrantes de Centroamérica realizadas en Washington DC, el precio promedio que se pagó por los servicios de un coyote o pasador fue de US$ 6,626. Las personas de El Salvador pagan usualmente los precios más altos (US$ 6,879, promedio), mientras que las de Guatemala pagan los precios más bajos (US$ 6,250).

Se observa que entre el año 2013 y 2014 hubo una disminución de precios desde US$ 7,000 hasta $ 5,783 (utilizando la medida de promedios). Esto puede ser debido a que las personas menores de edad y las familias podían estarse entregando a las autoridades en la frontera de Estados Unidos y México en la época en que se realizó la encuesta, en lugar de buscar llegar a ciudades más lejanas a la frontera. Esto hace el trayecto más sencillo a los coyotes y por tanto puede ser menos costoso para los migrantes.

Período de migración y costo de coyote

Tiempo de migración	Costo Promedio (US $)
No dentro del último año	$ 7,000
Dentro del último año	$ 6,420
Dentro de los últimos 6 meses	$ 6,047
Dentro de los últimos 3 meses	$ 5,783

Fuentes: "Sector Profile – Fiscal Year 2013", US Border Patrol. Disponible en: http://goo.gl/GJAUiY; Encuesta a migrantes centroamericanos en Estados Unidos, Diálogo Interamericano, julio de 2014.

Apuntes hacia algunas soluciones

Considerando los factores varios que contribuyen al aumento en la migración desde Centroamérica, es evidente que la violencia es el impulsor más poderoso e inmediato. Así como en las décadas de 1970 y de 1980, cuando las personas abandonaron la región escapando a la violencia, hoy, en el siglo XXI, la juventud está siendo perseguida por fuerzas paramilitares, maras, carteles, traficantes de armas y extorsionistas.

La violencia y el desarrollo están asociados en una variedad de formas. En primer lugar, el estudio utiliza la variable de homicidios como un indicador (proxy) para la violencia. Pero esta misma violencia es producto de un ecosistema de redes criminales que opera gracias a economías clandestinas basadas en extorsión, en violencia de pandillas, en intimidación, en acoso político, en raptos y en tráfico. El costo de oportunidad de involucrarse en actividades criminales o no es tal que hacerlo se convierte en una opción viable. Por tanto, la violencia en la región se liga de nuevo al desarrollo económico y al bajo desempeño económico.

En segundo lugar, aunque la pobreza no impulsa la migración, sí lo hace la ausencia de desarrollo: cuando no existen oportunidades suficientes para una sociedad moderna, emigrar se convierte en una alternativa atractiva. La tasa media de IDH de la región señala que está experimentando un desempeño económico mediocre: ingreso por debajo de US$ 300 al mes, seis años de educación promedio por persona, baja expectativa de vida, entre otros. La encuesta de salvadoreños muestra que la razón por salir del país es en muchos casos económica.

Estos indicadores reflejan realidades más amplias, como lo son el obsoleto modelo agroexportador o las inequidades que reinan en la región.

En tercera instancia, la migración está asociada a la integración con el mercado laboral en Estados Unidos. Las personas que migran siguen demandas del mercado laboral en construcción, agricultura, trabajo doméstico y otros servicios en la industria hospitalaria.

Luego de analizar estas dinámicas migratorias que empujan a las personas a salir de sus países, el próximo apartado habla del flujo contrario: las personas que retornan a sus países.

Capítulo 3. Deportados, retornados y reasentados: desafíos de los migrantes centroamericanos de camino a casa[84]

Este capítulo resalta cómo la emigración y las deportaciones representan grandes desafíos para los países de Centroamérica, particularmente para El Salvador, para Guatemala y para Honduras, que tienen el mayor volumen de personas que intentan emigrar y son devueltos.[85] Aquí se caracteriza el grado de movilidad internacional de las personas de América Central con un enfoque especial en las tendencias de la migración de retorno y lo que significan para los países de la región. En esta sección se explora el retorno tanto voluntario como involuntario. Las respuestas políticas relacionadas con la migración de retorno también son analizadas.

La magnitud de la movilidad humana –personas que intentan salir de casa, que tratan de entrar a Estados Unidos, que regresan a casa o que son deportadas– no puede ser subestimada. Para poner las cosas en perspectiva, en 2014 se estima que 130,000 centroamericanos cruzaron la frontera hacia Estados Unidos, mientras que 100,000 centroamericanos fueron deportados de Estados Unidos y aproximadamente 150,000 de México.[86] Otra forma de interpretar la escala de la emigración y del retorno es que anualmente estas deportaciones son equivalentes a por lo menos el 50% del incremento anual de la fuerza de trabajo en América Central.

---

[84] Manuel Orozco y Julia Yansura, Diálogo Interamericano, agosto de 2015.

[85] Si bien este informe incluye a Nicaragua, no ofrece un análisis en profundidad de la migración de nicaragüenses hacia Costa Rica. Estimamos que al menos 20,000 nicaragüenses entran Costa Rica cada año por causas relacionadas con el empleo.

[86] Es importante tener en cuenta que puede haber cierta superposición en estas cifras si, durante el transcurso de varios intentos de migración, un migrante es deportado de México y de Estados Unidos.

La emigración y el retorno de cientos de miles de centroamericanos cada año, a menudo en circunstancias difíciles,
representan un desafío profundo para la región. Si bien los
esfuerzos para recibir y reintegrar a estos migrantes son escasos, los Gobiernos están luchando para hacer frente a la
actual escala de retornos y de deportaciones.

En estas circunstancias, ¿qué pueden hacer los Gobiernos
para dar cabida a las necesidades inmediatas y a los retos a
largo plazo de hacer frente a la afluencia masiva de migrantes
devueltos? ¿Pueden los Gobiernos pensar fuera del enfoque
que aplican convencionalmente? ¿Qué deberían aprender de
los inmigrantes y de sus necesidades para lograr reintegrarlos
a su regreso? ¿Qué más deben considerar los Gobiernos para
trabajar con una masa crítica de personas? Y ¿de qué manera
podemos aprovechar las oportunidades de desarrollo existentes de la migración para hacer frente al cambio?

Tendencias de la migración centroamericana

En el año 2014, alrededor de unos 130,000 inmigrantes centroamericanos indocumentados entraron en Estados
Unidos. Algunos de estos migrantes se las arreglaron para
entrar en el país sólo para ser deportados posteriormente: dos
tercios de los retornados fueron devueltos desde la frontera y
el tercio restante fue deportado desde el interior del territorio
estadounidense. Otros fueron deportados por las autoridades
mexicanas antes de que llegaran a Estados Unidos.

Hay varias consideraciones que destacar aquí. En primer
lugar, los que van a Estados Unidos, en gran parte lo hacen
por el cruce de la frontera. En segundo lugar, el número de
personas detenidas ha aumentado sustancialmente de 100,000
en el año fiscal 2010 a 190,000 en el año fiscal 2013. En tercer
lugar, porque no todas las deportaciones se llevan a cabo en
la frontera, la cantidad de deportaciones es mayor que el
número de personas que entran cada año. En cuarto lugar, la
importancia de las deportaciones criminales es importante

debido a que el flujo de migrantes de retorno es diverso y mixto. Por último, la migración infantil es también un fenómeno creciente que merece más atención, sobre todo porque se trata de una población vulnerable con particulares necesidades.

Aumentos en aprehensiones

Los centroamericanos han buscado la migración como un medio para mejorar su condición económica,[87] una tendencia que sólo se ha incrementado en el período posterior a la recesión. Una forma de identificar el grado de salida de los centroamericanos es observando los datos sobre las aprehensiones en la frontera de Estados Unidos con México.[88] Las cifras muestran cómo han crecido las aprehensiones anualmente, que llegaron a 190,000 en 2013.

Gráfico 3.1: Aprehensiones[89] en Estados Unidos
según país de origen. Año fiscal 2004 a 2013

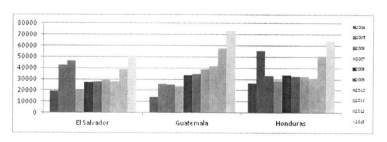

Fuente: Departamento de Seguridad Nacional, "Acciones cumplidas". Disponible en: http://goo.gl/4Q434z

---

[87] Otras razones como la violencia y la reunificación familiar también han desempeñado un papel en la emigración desde América Central. Ver el capítulo anterior.

[88] Estados Unidos es el principal destino de más del 80% de los migrantes centroamericanos.

[89] Una aprehensión es "la detención de un extranjero deportable por el Departamento de Seguridad Nacional. Cada aprehensión del mismo extranjero en un año fiscal se cuenta por separado". Ver http://goo.gl/fgscN7

Además, hay grandes cantidades de migrantes centroamericanos que son detenidos y deportados desde México
antes de que lleguen a Estados Unidos. Esto se puede observar con el dato que facilitó el Gobierno de Guatemala que
muestra un aumento de los centroamericanos deportados
desde México en 2015 en comparación con 2014. Esto puede
reflejar un aumento general en los intentos de migración
o cambios en las acciones mexicanas.

Gráfico 3.2: Centroamericanos deportados desde
México por tierra, comparación 2014-2015

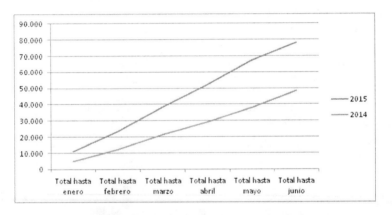

Fuente: "Estadísticas", Dirección General de Migración,
Gobierno de Guatemala. Disponible en: http://goo.gl/jQlYha
Junio de 2015.

Entrando a Estados Unidos

A pesar de estas aprehensiones, muchos centroamericanos son capaces de entrar en Estados Unidos sin estatus legal. Los números exactos han sido difíciles de conseguir. Según un estudio de la Universidad de Arizona, la tasa de aprehensión en la frontera sur es de 76%.[90] Esta tasa se mide a través de una encuesta de mil migrantes detenidos, muchos de ellos mexicanos, con el número de cruces exitosos (24%) frente a los "fracasados," es decir, los que resultaron en aprehensión (76%). Esta medición es útil ya que se tiene en cuenta el hecho de que muchas personas son detenidos más de una vez. Es decir, el cálculo implica que las detenciones en la frontera representan el 76% de todos los intentos de cruzar.

Sin embargo, otro método que existe consiste en utilizar encuestas para conocer el porcentaje de inmigrantes que llegan a Estados Unidos indocumentados mediante el cruce fronterizo. Los resultados sugieren que la gran mayoría de los centroamericanos que llegan al país cada año lo hacen indocumentados a través de los pasos de frontera.

En una encuesta a salvadoreños en El Salvador se les preguntó si tenían un familiar en Estados Unidos y si era así, cómo había llegado a Estados Unidos. El 80% dijo que el familiar cruzó la frontera sin papeles.[91] Por otra parte, una encuesta realizada en agosto de 2015 a inmigrantes centroamericanos mostró que el 80% dijo que llegó a Estados Unidos por el cruce de la frontera.

---

[90] Mark Grimes, Elyse Golob, Alexandra Durcikova y Jay Nunamaker, "Reason and Resolve to Cross the line", BORDERS, The University of Arizona, mayo de 2013. El informe se centró principalmente en los inmigrantes mexicanos. Disponible en: http://goo.gl/Mszt4b

[91] Manuel Orozco, Encuesta de hogares en El Salvador, 2014.

Haciendo uso de este porcentaje estimamos[92] que 130,000 centroamericanos cruzaron la frontera de Estados Unidos en el año 2014. A pesar de que los cruces fronterizos no tienen en cuenta todos los tipos de migración, más del 70% de la migración centroamericana a Estados Unidos se lleva a cabo por cruces fronterizos, y el resto es una mezcla de visados vencidos y de migración legal.

Cuadro 3.1: Migrantes centroamericanos entrando a Estados Unidos cruzando la frontera, estimado

País de origen	2010	2011	2012	2013	2014
Honduras	27,733	31,385	32,350	35,311	38,480
Nicaragua	4,662	5,082	4,895	5,253	5,502
Guatemala	36,772	39,377	42,614	38,759	42,264
El Salvador	34,619	35,694	38,247	42,435	44,676
Subregión	103,786	111,539	118,106	121,758	130,922

Fuente: Manuel Orozco, estimaciones de población. Para metodología, ver anexos.

---

[92] Utilizamos las transacciones oficiales de remesas y las encuestas a inmigrantes para determinar el número de entradas anuales a Estados Unidos. Nuestros estudios muestran que el 90% de las transferencias desde Estados Unidos son de persona a persona. Además, estas transferencias de persona a persona representan el 70% de los adultos migrantes (aquí tomamos en cuenta que el 90% de la población migrante en Estados Unidos es adulta); éste es el coeficiente de los remitentes de remesas. Por otra parte, desde el año 2008 estudios de encuestas anteriores muestran que entre el 4% y el 5% de los migrantes entrevistados dicen que llegaron ese mismo año de la entrevista. El resultado produce la siguiente estimación para 2014 de entradas a Estados Unidos.

	Honduras	Nicaragua	Guatemala	El Salvador	Sub-región
2014	45,094	6,877	52,830	59,567	164,368

Deportaciones

A pesar de estas entradas masivas, el número de migrantes deportados es sustancial.

En primer lugar, las deportaciones de Estados Unidos se llevan a cabo tanto en la frontera como dentro del territorio. De acuerdo con cifras oficiales, un tercio de las deportaciones ocurren por aprehensiones dentro del territorio de Estados Unidos. En segundo lugar, la cantidad que Estados Unidos deportó no incluye todas las deportaciones de centroamericanos, ya que muchos de ellos también son deportados desde México. De hecho, la tasa de deportaciones de centroamericanos en México se ha incrementado desde 2010.

Cuadro 3.2: Deportaciones de Estados Unidos

Deportaciones desde Estados Unidos	2010	2011	2012	2013
El Salvador	20,347	17,381	18,677	21,602
Guatemala	29,710	30,343	38,677	47,769
Honduras	25,121	22,028	31,515	37,049
Nicaragua	1,903	1,502	1,373	1,383
Cuatro países	77,081	71,254	90,242	107,803

Fuente: "2013 Yearbook of Immigration Statistics", Departmento de Seguridad Nacional, 2014. Disponible en: http://goo.gl/Oj2g3G

Muchos de los deportados de Estados Unidos son hombres, tanto los devueltos desde la frontera como desde el interior del país. Esto puede reflejar diferencias en las poblaciones migrantes en general así como en las deportadas.

Cuadro 3.3: Reporte de deportaciones del
Departamento de Seguridad Nacional (DHS, por
sus siglas en inglés), año fiscal 2003-2013

	Total de deporta-ciones	Lugar de detención		Tipo de deportación		
		Frontera (%)	Interior (%)	Judicial (%)	Administrativa (%)	Inmediato (%)
Género						
Masculino	91	89	94	91	93	86
Femenino	9	11	6	9	7	14
País de origen						
México	71	74	69	56	82	77
Guatemala	8	8	7	9	6	9
Honduras	7	8	6	8	7	8
El Salvador	5	4	5	7	3	3
Otro	9	5	12	20	2	4
Total	3,676,159	2,122,816	1,323,043	1,284,563	1,093,818	1,170,402

Fuente: Rosenblum y McCabe, "Deportation and Discretion:
Reviewing the Record and Options for Change", Migration
Policy Institute, 2014.

Por supuesto, los migrantes centroamericanos también
están siendo deportados de México. Las siguientes cifras
muestran las tendencias en las deportaciones mexicanas
por país de origen. Los guatemaltecos son el grupo más
grande de Centroamérica en ser deportados de México,
seguido por hondureños y por salvadoreños. Solamente en
junio de 2015, más de 10,000 migrantes centroamericanos
fueron devueltos desde México antes de llegar a la frontera
con Estados Unidos.

Gráfico 3.3: Centroamericanos deportados
desde México por tierra, enero-junio 2015

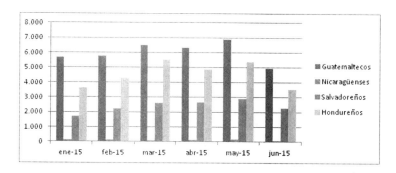

Fuente: "Estadísticas", Dirección General de Migración,
Gobierno de Guatemala. Disponible en: http://goo.gl/jQlYha
Junio de 2015.

Gráfico 3.4: Guatemaltecos deportados desde México
y Estados Unidos, 2014-2015, comparación

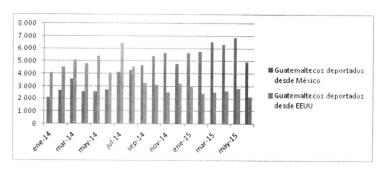

Fuente: "Estadísticas", Dirección General de Migración,
Gobierno de Guatemala. Disponible en: http://goo.gl/jQlYha
Junio de 2015.

Magnitud de deportaciones

Estas cifras apuntan a la magnitud de la cantidad de gente que es devuelta a América Central.

Esta magnitud se puede observar en varias maneras, por ejemplo:

- en relación con la población indocumentada que entra en el país, o
- en relación con el aumento anual de la fuerza de trabajo.

En el primer caso, a pesar del hecho de que un gran número de personas son capaces de cruzar la frontera con Estados Unidos, más personas son deportadas. En el año fiscal 2013, por ejemplo, se estima que 130,000 centroamericanos entraron en Estados Unidos, mientras que 108,000 centroamericanos fueron deportados de Estados Unidos y aproximadamente 150,000 de México.[93]

Más importante, quizás, es la cifra de las deportaciones pues son equivalentes a por lo menos el 50% del incremento anual de la población activa. Mientras que cada año cerca de 500,000 centroamericanos se unen a la fuerza laboral de América Central, al menos la mitad de ese número intenta entrar en Estados Unidos, una quinta parte de la que es capaz de entrar, y de la cual una cuarta parte es devuelta.

Esta tendencia hace la pregunta sobre el grado en que los Gobiernos de los tres países principales de la región son conscientes de estos números, que no incluyen el retorno voluntario. Además, la emigración así como las involuntarias [y voluntarias] entradas de esta movilidad laboral señalan los cambios en la dinámica en cuanto a las prioridades de la política para centrarse en esta población que se compone la fuerza laboral.

---

[93]   Es importante tener en cuenta que puede haber cierta superposición en estas cifras si durante el transcurso de varios intentos de migración, un migrante es deportado de México y de Estados Unidos.

De especial relevancia es la vinculación de estas realidades a la Alianza para la Prosperidad y otras iniciativas políticas y de ayuda. Como las siguientes secciones del informe mostrarán, hay pocas políticas o programas que pueden manejar la masa crítica de los retornos involuntarios y voluntarios.

Cuadro 3.4: Comparación de estadísticas, migración de Centroamérica hacia Estados Unidos, 2013

	Aumento de la fuerza laboral del país de orgen	Aprehensiones	Cruces no autorizados de frontera (EEUU)	Deportaciones desde Estados Unidos
Honduras	94,652	64,157	35,311	37,049
Nicaragua	70,059	2,712	5,253	1,383
Guatemala	201,991	73,208	38,759	47,769
El Salvador	48,746	51,226	42,435	21,602
Subregión	415,448	191,303	121,758	107,803

Fuente: Manuel Orozco, Estimaciones basadas en las transacciones de remesas anuales y otros indicadores.

Deportaciones criminales

Para los países de la región, otro factor importante que hay que considerar es el perfil de persona rechazada de Estados Unidos y que regresó a América Central. Algunos migrantes que son devueltos han sido condenados por algún delito violento o no violento. De acuerdo con un análisis de todos los estados de deportaciones desde el año fiscal 2003-2013, las deportaciones criminales ascendieron a un mayor porcentaje que las deportaciones totales bajo la Administración Obama que bajo el anterior gobierno de Bush. Sin embargo, mientras que el 41% del total de deportaciones en el año fiscal 2003-2013 fueron de las personas previamente condenadas por un delito, sólo el 18% fueron condenados crímenes graves,[94] aquellos considerados de "Nivel 1".[95]

El siguiente gráfico muestra el porcentaje de criminales dentro del total de migrantes centroamericanos deportados. En el año fiscal 2013, por ejemplo, alrededor de 17 mil hondureños con antecedentes penales fueron rechazados de Estados Unidos, de un total de 37,000 deportados y de 64,000 aprehensiones.

Gráfico 3.5: Total de deportaciones criminales por país de DHS, año fiscal 2005-2013

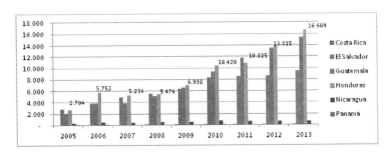

Fuente: Elaboración propia utilizando Anuario de Estadísticas de Inmigración, 2013, "Enforcement Actions". Disponible en: http://goo.gl/WCF0zo

Migración infantil

La salida de los niños migrantes no acompañados que huyen de América Central es otra tendencia que conforma

---

[94] Marc Rosemblum y Kristen McCabe, "Deportation and Discretion: Reviewing the Record and Options for Change", Migration Policy Institute, octubre de 2014. Disponible en: http://goo.gl/ZiDYvN

[95] Un "Delincuente Nivel 1" es un extranjero condenado por un delito grave (como el asesinato, violación, el abuso sexual, tráfico de drogas, contrabando, etc.), incluso por dos o más delitos graves.

la migración en la región. Esta tendencia llamó la atención de los políticos estadounidenses, de las organizaciones de derechos humanos y de los medios de comunicación en el verano de 2014, pero no es nueva, al igual que la migración de adultos, que se remonta a mediados de la década de 2000, con una intensificación en el período posterior a la recesión. Si bien el año fiscal 2014 vio niveles récord de los niños no acompañados procedentes de América Central, el año fiscal 2015 ha sido testigo de niveles ligeramente inferiores. Esta disminución se debe probablemente a que más de estos niños son detenidos en México antes de llegar a Estados Unidos.

Gráfico 3.6: Los niños extranjeros no acompañados encontrados en EEUU por año fiscal, del año fiscal 2009 a la fecha[96]

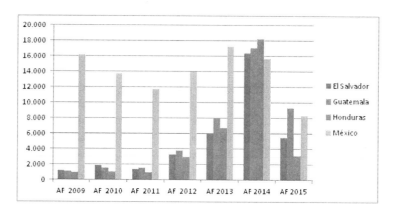

Fuente: "Southwest Border Unaccompanied Alien Children", US Department of Homeland Security. Disponible en: http://goo.gl/IkazqF

---

[96]   Esto incluye el período de aproximadamente 9 meses del 01 de octubre de 2014 al 30 de junio de 2015.

La disminución de los niños migrantes que intentan cruzar la frontera con Estados Unidos probablemente refleja un aumento en los esfuerzos de las acciones en México, antes que cualquier mejora sustancial de la situación humanitaria general de esta población vulnerable. El cuadro siguiente indica que el número de menores extranjeros aprehendidos (o "rescatados", para usar la terminología oficial) por las autoridades mexicanas se ha más que duplicado entre 2013 y 2014. Si los niveles actuales de aprehensiones continúan a lo largo de los meses restantes de 2015, probablemente sea triplicado del 2014 al 2015.

Cuadro 3.5: Menores extranjeros interceptados por funcionarios de migración mexicanos (INM)

Año y categoría	Los menores extranjeros interceptados por el INM
2013	3,496
2014	8,003
2015 a la fecha (enero-junio)	11,893
Con un familiar	5,780
Sin familiar	6,113
0-11 años	4,029
12 – 17 años	7,864
Masculinos	8,060
Femeninos	3,833

Fuente: Boletín INM No. 38/15, junio 2015. Disponible en: http://www.inm.gob.mx/index.php/page/Boletin_3815

Retornados a América Central por elección

Por supuesto, no toda la migración de retorno es involuntaria. Algunos inmigrantes pueden llegar a México y a Estados Unidos y darse cuenta de que necesitan o de que quieren volver a casa por obligaciones familiares, por diferentes opciones de empleo o por una variedad de razones. Otros pueden migrar a Estados Unidos con la intención expresa de trabajar durante varios años y luego volver a su país.

Cuadro 3.6: Migrantes centroamericanos
en Estados Unidos

Migrantes	2014
Honduras	901,880
Nicaragua	275,096
Guatemala	1,056,610
El Salvador	1,191,354
Subregión	3,487,080

Fuente: Manuel Orozco, Estimaciones de población.

Hay poca información disponible sobre los migrantes que regresan a casa por decisión propia. En una encuesta de 2009 a migrantes mexicanos y centroamericanos, el 35% de ellos respondió que eventualmente regresarían a su país de origen. Cuando se les preguntó cuándo, el promedio fue de 5 años y el 6% (o el 2% de todos los migrantes) dijeron que volverían en ese mismo año (2009). Debe tomarse en cuenta que este estudio se llevó a cabo durante el peor momento de la recesión, cuando más del 10% de los migrantes habían perdido sus puestos de trabajo.[97] El siguiente cuadro destaca el caso de los salvadoreños en Estados Unidos en 2009 y su interés en regresar a casa.

---

[97]   Manuel Orozco, "Understanding the continuing effect of the economic crisis on remittances to Latin America and the Caribbean", Banco Interamericano de Desarrollo, 12 de agosto de 2009.

Cuadro 3.7: Encuesta a salvadoreños en Estados Unidos, 2009

¿Piensa usted regresar a vivir a El Salvador?		% Sí
En general		35.8%
Domicilio actual	Boston, MA	56.7%
	Dallas, TX	53.5%
	Washington, DC	57.4%
	Houston, TX	55.1%
	Los Angeles, CA	30.1%
	San Francisco, CA	25.6%
Género	Masculino	36.9%
	Femenino	33.7%
Mayor nivel de educación alcanzado	Graduado universitario	30.6%
	Universidad inconclusa	35.1%
	Colegio	44.3%
	Escuela	31.3%
	No terminó la primaria	28.2%
Ocupación	Ayudante de cocina	23.5%
	Cajero	21.9%
	Carpintero	44.4%
	Chofer	45.7%
	Cocinero	38.2%
	Construcción	42.7%
	Trabajador de fábrica	59.3%
	Limpieza	51.4%
	Mantenimiento	45.8%
	Salonero/Salonera	29.3%

Fuente: Diálogo Interamericano, estudio BMI, 2009.

En agosto de 2015, una encuesta a inmigrantes en el área metropolitana de Washington mostró que más del 60% dicen que les gustaría volver. El 40% tenían una idea de la fecha de su regreso. De ellos, el 15% dijeron que volverían en el mismo año (5% de todos los migrantes). La respuesta puede reflejar más las actitudes de los migrantes sobre su situación legal actual y de años de separación sin familia. Por ejemplo, estos migrantes han permanecido 15 años en Estados Unidos en comparación con los de 2009 que había estado en el país durante unos 10 años.

Cuadro 3.8: Intención de regresar a casa a vivir, 2015. Resultados de encuesta

Categoría	Respuesta
Planean regresar para vivir	**67%**
Por nacionalidad	
Salvadoreños	62.8%
Guatemaltecos	86.7%
Hondureños	81.0%
Por género	
Masculino	71.2%
Femenino	57.6%
El momento del regreso	
No tiene idea específica del tiempo	59.6%
Tiene idea específica del tiempo	40.4%
Número de años hasta el regreso (promedio)	8.8 years
Plan para volver en el plazo de un año	15.0%
Razones principales para querer volver (% del total de respuestas positivas)	
De vuelta a casa de la familia	38.2%
Mi país – sentido de pertenencia	30.9%
Quiero retirarme allí, cansado de trabajar	20.3%
Razones para no querer retornar (% del total de respuestas negativas)	
Violencia, inseguridad	38.3%
Mi familia está aquí	18.3%
Está feliz en Estados Unidos	13.3%

Fuente: Encuesta a migrantes, Diálogo Interamericano, agosto de 2015

Esfuerzos de recepción y de reasentamiento en América Central

Frente a estas cantidades de migrantes retornados, muchos de los cuales han sido deportados en circunstancias difíciles, los países de la región se han organizado para responder de alguna manera. Pero a pesar de las buenas intenciones, ha sido difícil satisfacer las necesidades de esta población.

Los programas existentes para el retorno y el reasentamiento tienden a ser pequeños y heterogéneos, con recursos muy limitados. En muchos casos, carecen de financiamiento para proporcionar la profundidad o la amplitud de cobertura que buscan. A pesar de algunos esfuerzos fuertes, los países de la región enfrentan dificultades para satisfacer las necesidades y los desafíos de los migrantes que regresan, especialmente en la escala que ha estado ocurriendo en el período posterior a la recesión.

Alcance para los migrantes

Sólo uno de cada cuatro migrantes centroamericanos en Estados Unidos ha oído hablar de programas que ayudan a los migrantes a regresar y a readaptarse a la vida en su país de origen, como el cuadro 3.9 muestra. Esta cifra puede interpretarse de diferentes maneras. Por un lado, los inmigrantes que viven en Estados Unidos no son el público objetivo de los programas de ayuda para deportados o migrantes que regresan. Por otro lado, dadas las deportaciones a gran escala y los temores que han afectado a los migrantes centroamericanos y a sus familiares migrantes en los últimos años, es sorprendente que las personas no conozcan más acerca de estos programas.

Los bajos niveles de conocimiento pueden señalar la escasez de los programas existentes. Según una migrante salvadoreña mayor, de 64 años, quien ha cruzado la frontera y a quien han deportado varias veces, "supuestamente hay programas, en el papel. Pero cuando regrese, no hay nada allí para usted, en realidad". Después de haber sido deportada la última vez regresó a Estados Unidos, donde ha estado trabajando durante los últimos 5 años.

Cuadro 3.9: Conocimientos sobre los programas para retornados

Grupos de población		Conciencia de los programas
En general		25.4%
Por país de origen	El Salvador	25.4%
	Guatemala	20.0%
	Honduras	23.8%
Por género	Masculino	26.9%
	Femenino	22.4%
Por intención de retorno	Planea regresar	26.2%
	No planea regresar	23.4%
Por estatus legal	Entró con visa americana	33.3%
	Entró sin documentos cruzando la frontera	24.2%

Fuente: Encuesta de migrantes en Washington DC. Agosto de 2015.

De los 25.4% de los inmigrantes que eran conscientes de este tipo de programas, sólo el 36% (o el 9% de la población total) fueron capaces de nombrar un ejemplo específico. Los programas más frecuentemente mencionados fueron: CARECEN, Casa del Migrante, "en la embajada" y programas de acogida en aeropuerto como "Bienvenido a Casa".

Programas para asistir a migrantes retornados

La asistencia para el retorno de los migrantes es limitada, como muestra el siguiente cuadro. El Salvador y Honduras tienen el mayor número de iniciativas, muchas de ellas muy recientes. En Guatemala y en Nicaragua, hay menos programas, pero los que están son de larga data. En general, los programas operan con personal limitado. El cuadro 3.10 proporciona detalles adicionales sobre estos programas.

Cuadro 3.10: Programas por país y características

País	Número de Programas	Promedio de años en operación	Cantidad de personal
El Salvador	15-20	4 años	12
Guatemala	Menos de 10	11 años	5 o menos
Honduras	15-20	4 años	5 o menos
Nicaragua	Menos de 10	12 años	5 o menos
Regional	2		

Fuente: Mapeo de programas, Diálogo Interamericano, 2015.

Principales actividades y logros

Muchos programas se centran en las necesidades básicas de recepción. La revisión de 48 programas y de entrevistas con más de 20 organizaciones mostró que casi la mitad de estos proyectos centra su atención en las necesidades inmediatas de las personas a su regreso.

Cuadro 3.11: Programas y objetivos

Objetivos	El Salvador	Guatemala	Honduras	Nicaragua	Regional	Total
Recepción básica	8	4	7	2	1	22
Reintegración a la fuerza laboral	5	1	1	2		9
Desarrollo económico	1	1	2	2	1	7
Investigación y análisis de datos			2			2
Otros	3		4	1		8
Total general	17	6	16	7	2	48

Fuente: Mapeo de programas, Diálogo Interamericano, 2015.

Los programas de acogida básicos, que son el tipo más común de programa, incluyen aquellos que apoyan a los migrantes en los centros de recepción de autobuses o de aeropuertos y ofrecen servicios tales como comida, transporte, alojamiento de emergencia y ayuda en términos de ponerse en contacto con miembros de la familia. Los programas del Gobierno como "Bienvenido a Casa" proporcionan un cierto tipo de línea base de la recepción, pero en muchos casos, las ONG proporcionan servicios suplementarios. Por ejemplo, World Vision proporciona alimento adicional y atención médica por encima de lo ofrecido por el Gobierno. Glasswing International también complementa la atención del Gobierno a los niños migrantes que regresan de los centros de acogida.

Cuadro 3.12: Actividades principales
y poblaciones objetivo

Actividades	El Salvador	Guatemala	Honduras	Nicaragua	Regional	Total
Médico/salud			6	1	1	8
Otro	4	4	5	5	1	22
Emprendimiento	3		2			5
Educación	3		2			5
Alcance del apoyo	3			1		4
Formación profesional	1	2	1			4
Población objetivo	**El Salvador**	**Guatemala**	**Honduras**	**Nicaragua**	**Regional**	**Total**
Todos los migrantes	9	5	6	3	1	24
Adultos jóvenes y niños	2	1	3	3		8
Familias			1	1		2
Víctimas de violaciones de derechos	2					2
Otros	4		6		1	11

Fuente: Mapeo de programas, Diálogo Interamericano, 2015.

Más allá de la recepción básica, algunos programas se centran en estrategias de reasentamiento a más largo plazo. El Gobierno de El Salvador es un ejemplo de ello: en los últimos años, ha ampliado sus servicios para incluir a los migrantes retornados en el campo laboral, en el emprendedurismo y en la educación técnica.

Algunos programas en El Salvador están proporcionando reintegración a la fuerza laboral y capacitación empresarial. Por su parte, Guatemala también ofrece programas de educación y certificación de técnicos en colaboración con el Instituto Técnico de Capacitación y Productividad (INTECAP).

De acuerdo con entrevistas con los programas de educación técnica, muchos migrantes retornados están interesados en estudiar carreras técnicas tales como cocina, operador de centro de llamadas y turismo, ya que éstas se basan en las habilidades desarrolladas en su estadía en Estados Unidos (conocimiento de inglés, por ejemplo) y al mismo tiempo les proporcionan una oportunidad para encontrar empleos mejor pagos en su país de origen una vez finalizado el curso.

Varios programas también están involucrados en la mejora de los datos y de las estadísticas sobre las poblaciones deportadas, lo que sigue siendo un desafío. Su objetivo es comprender mejor estas poblaciones y sus necesidades. Por ejemplo, el Instituto Salvadoreño del Migrante (INSAMI) en El Salvador mantiene una base de datos de los migrantes que regresan, lo que les ayuda a perfilar mejor las poblaciones con las que trabajan. De hecho, una gran variedad de personas que trabajan en diferentes sectores y países se refirió a los datos como una prioridad, así como un área que hay que mejorar.

En términos de logros, éstos pueden ser difíciles de identificar. Como señaló un funcionario de un programa, "es difícil ver resultados porque muchos programas acaban de comenzar o están todavía en proceso". De hecho el mapeo de los programas muestra que 10 de 48 habían iniciado en 2014. Las circunstancias varían, pues los servicios prestados tienden a atender con un nivel básico de atención a un amplio número de migrantes, mientras que los programas de reasentamiento ofrecen una atención más profunda que normalmente sólo alcanza alrededor de 100 migrantes por año. La tensión entre la amplitud y la profundidad de la cobertura es crítica, especialmente a la luz de algunas de las limitaciones de financiamiento que enfrentan los programas.

Desafíos enfrentados por los programas

Muchos programas hablaron abiertamente de los desafíos que enfrentan. "Estamos tratando, pero no es una tarea fácil", dijo un representante. "Todo el tema de la migración de retorno es un reto", mencionó un funcionario del Gobierno y señaló que, a pesar de sus mejores esfuerzos, la atención para migrantes retornados es simplemente "insuficiente".

Muchos programas señalaron que la falta de recursos ha sido un gran desafío. Iniciativas, tanto gubernamentales como de ONG, han luchado para encontrar el financiamiento adecuado. "No hay fondos", comentó otro programa en Guatemala. "Hemos tenido que limitar nuestros servicios debido a la falta de financiamiento", señaló una organización religiosa que trabaja con migrantes deportados en Honduras.

Algunos han mencionado las dificultades de escalar las iniciativas existentes para llegar a un mayor número de inmigrantes. Como señaló un programa de El Salvador: están luchando para ponerse al día, tratando de adaptarse a las olas cada vez más grandes de migrantes deportados. Esto puede ser aún más problemático para Honduras y para Guatemala, que han visto el más dramático aumento en las aprehensiones y en las deportaciones en el período del año 2013 al presente (ver gráfico 3.1). En muchos casos, los Gobiernos de la región han tenido dificultades para responder a las olas de deportaciones que han visto en los últimos años. Como señaló un funcionario del programa, "no todos los países de la región tienen la estructura institucional para estar preparado para manejar" una situación de esta magnitud. Problemas de inestabilidad política y la corrupción también pueden interrumpir los esfuerzos actuales.

Otro de los retos mencionados es incluir a diversas contrapartes de manera apropiada. En muchos casos, los programas gubernamentales son interinstitucionales. Esto provoca desafíos en términos de comunicación y de colaboración. Como un funcionario del Gobierno explicó, es importante tener en claro qué responsabilidades corresponden a cada institución. "Tenemos que asegurarnos de que estamos funcionando a la perfección, que es casi como la mecánica de un reloj suizo caro", señaló. Parte de esto, por supuesto, incluye la participación del sector privado, especialmente en términos de reintegración a la fuerza laboral. Si bien muchos programas mencionan las reuniones y las actividades de divulgación a los empleadores del sector privado, sigue siendo más una aspiración que una realidad, y ninguno fue capaz de dar ejemplos concretos de alianzas público-privadas.

Por último, varios programas señalan que el reto es acceder y mantener la adecuada información de contacto de los migrantes retornados. Tanto en Guatemala como en El Salvador, los servicios de reinserción dependen, al menos en parte, de la capacidad de los programas para llegar a los migrantes. Sin embargo, la información de contacto es incompleta y a veces incorrecta, ya sea porque los migrantes no están seguros de dónde van a vivir a su regreso o porque no se sienten seguros de compartir con las instituciones del Gobierno por una variedad de razones posibles. De acuerdo con una organización que trabaja en El Salvador, los migrantes de retorno tienen miedo de proporcionar datos de contacto exactos debido a la situación de seguridad muy compleja en las comunidades a las que están regresando.

Desafíos enfrentados por los migrante retornados

En muchos casos, los migrantes deportados deben tratar de reconstruir sus vidas en su país de origen con recursos muy limitados. Sin embargo, los desafíos específicos que enfrentan dependen de su caso particular, señalaron muchas organizaciones. Una categoría importante para entender diversas poblaciones es el tiempo de estadía fuera del país. Por ejemplo, los migrantes de retorno incluyen aquellos que han regresado desde México o al intentar cruzar la frontera con Estados Unidos. También se incluyen aquellos que han pasado varios meses de trabajo en los Estados Unidos antes de ser detenidos y deportados. Por último, están aquellos que han pasado muchos años en Estados Unidos.

Los desafíos que enfrenta cada uno de estos grupos de población son únicos. Los migrantes que regresaron de la frontera, por ejemplo, suelen regresar a las mismas situaciones difíciles que originalmente causaron que decidieran migrar. Sin embargo, también pueden enfrentarse a problemas financieros y de deuda relacionados con los costos del intento fallido de migración.[98]

Los migrantes que han estado en Estados Unidos por períodos más largos pueden enfrentarse a un conjunto diferente de desafíos. Los que han desarrollado habilidades de alto valor específico en Estados Unidos –que incluyen, por ejemplo, conocimientos de inglés, de construcción, de electricidad o de fontanería– pueden necesitar ayuda en la transición a la vida de nuevo en su país. Ellos pueden buscar apoyo para obtener o transferir una certificación

---

[98]   Ver, por ejemplo, Rodrigo Soberanes, "Los migrantes que llevan una bomba de tiempo por equipaje", La Adobe, 27 de julio de 2015. Disponible en: http://goo.gl/FMcScz

profesional para poder encontrar un trabajo en su área de especialización.

Además, los migrantes de retorno pueden enfrentar el estigma o la discriminación en las comunidades a las que regresan. En algunos casos los vecinos o los potenciales empleadores piensan que fueron deportados por causa de conductas delictivas. Sin embargo, según un funcionario del Gobierno de El Salvador, "Es importante reconocer que un gran número de estas personas no tienen antecedentes penales de ningún tipo" (ver Gráfico 3.5).

PARTE II.
COMPRENDER LA INTERSECCIÓN ENTRE MIGRACIÓN Y DESARROLLO EN CENTROAMÉRICA

A partir del panorama descrito en los capítulos anteriores acerca de las características del desarrollo y de la migración actual, esta sección muestra la forma en que la migración se vincula con el desarrollo. Se enfatiza de manera particular el transnacionalismo económico de los migrantes en cuatro áreas claves: remesas, inversión, emprendedurismo y comercio nostálgico.[99]

El capítulo 4 empieza mostrando el marco conceptual sobre migración y desarrollo seguido por el análisis de las percepciones que los funcionarios públicos tienen sobre esta relación. El capítulo 5 aborda la relación entre remesas y desarrollo en la región. Por su parte, el capítulo 6 enfatiza la oportunidad que representan la inversión y el comercio nostálgico. El análisis que se presenta evidencia una realidad clave en Centroamérica: el transnacionalismo económico que resulta de los contextos socioeconómicos de la migración tiene un fuerte impacto sobre las economías de los países, incluso a pesar de la ausencia de políticas o de estrategias que los vinculen formalmente.

---

[99] El consumo por la diáspora de productos importados del país de origen (incluyendo, de forma enunciativa mas no limitativa, alimentos y bebidas) se conoce como el "comercio nostálgico".

Capítulo 4. Migración y desarrollo en América Central: percepciones, políticas y nuevas oportunidades[100]

Como se observó en la parte I de este documento, en los últimos años la migración se ha constituido en un factor importante para América Central. Sin embargo, las respuestas de los Gobiernos, en particular respecto al ciclo migratorio, son relativamente recientes, limitadas y difusas. Se observa poca proporcionalidad, en términos de alcance y de profundidad, en cuanto a la magnitud de los nexos de la migración, a la inversión asignada y a la implementación de políticas de gobierno.

Este capítulo analiza la migración y el desarrollo en América Central. El impacto de la migración en el desarrollo, y viceversa, es significativo. Más de 100,000 personas emigran de Centroamérica cada año y enfrentan dificultades en el proceso. Sin embargo, al asentarse en el país huésped establecen vínculos con el país de origen de diferente tipo. Las remesas familiares –tanto las inversiones personales como las donaciones privadas– se encuentran entre las principales actividades económicas transnacionales a las que se dedican los migrantes y sus familias. Las remesas, de hecho, equivalen a casi el 15% del PIB de muchos países.

Pero la influencia económica de la migración va más allá. En efecto, en la intersección entre migración y desarrollo existe una amplia gama de actividades económicas,[101] que incluyen el comercio, el transporte y las telecomunicaciones.[102]

---

[100] Manuel Orozco con Julia Yansura, Diálogo Interamericano, septiembre de 2013. La investigación para este proyecto incluye trabajos realizados por Beatriz Slooten.

[101] Cabe destacar que las actividades económicas representan una parte de un amplio espectro de actividades transnacionales a través de las cuales los migrantes y sus familias moldean el desarrollo y el cambio social. La composición de la nueva familia transnacional incluye una dinámica importante para el desarrollo.

[102] Para una discusión más detallada de estas actividades, véase Orozco et al. (2006), "El compromiso transnacional, remesas y su relación con el

El reto consiste en lograr una mayor ventaja económica de la migración por medio de potenciar el acceso financiero, promover la pequeña empresa, entregar servicios sociales que satisfagan una mayor variedad de demandas y ofrecer incentivos para la integración a la fuerza laboral formal. Lamentablemente, entre las autoridades la percepción general de la migración y del desarrollo no siempre es la más adecuada. En muchos casos las respuestas son apresuradas y se centran únicamente en las remesas de dinero y en la movilidad de los indocumentados, los aspectos más visibles de la migración.

El nexo entre migración y desarrollo

La intersección entre migración y desarrollo es aquella en donde se producen intercambios entre el proceso de desarrollo económico y las tres etapas del ciclo migratorio –antes, durante y después– de la migración. La movilidad laboral hacia el extranjero está vinculada con procesos políticos, económicos, sociales y de seguridad, todos los cuales están asociados al desarrollo.

Es más, en cada etapa del proceso de migración la movilidad laboral puede estar relacionada de múltiples y complejas maneras con las políticas gubernamentales. La gestión migratoria, el desarrollo y la diplomacia son vías que vinculan la movilidad y la política. Su impacto varía dependiendo del alcance y de la profundidad del compromiso del Gobierno. El nexo migración-desarrollo también se ve afectado por la situación legal y social de los trabajadores, por la calificación de la mano de obra, por los niveles de remesas, por el acceso a instituciones financieras, por las oportunidades de creación de activos, por

___

desarrollo en América Latina y el Caribe".

la posición del capital humano, por las circunstancias del retorno al país de origen y por los medios para reintegrar a los trabajadores retornados.

La experiencia de países de todo el mundo muestra que la migración tiene el mayor potencial para el desarrollo cuando se normaliza, se protege mediante la cooperación diplomática, se integra a las estrategias de desarrollo y se acompaña de políticas o de incentivos de retorno y de reinserción. El siguiente cuadro ofrece una descripción preliminar (y parcial) de estas dinámicas y políticas allegadas al vínculo migración-desarrollo.

Cuadro 4.1: Dinámicas y políticas de migración y desarrollo

Dinámicas	Aspectos políticos	Administración	Desarrollo	Diplomacia
Antes de la migración o salida				
Alcance de la migración laboral regulada	Políticas gubernamentales bilaterales	Procesamiento y emisión de visas y protección del migrante	*Sensibilización y capacitación de la fuerza laboral*	Cooperación bilateral en materia de migración laboral y proteción de inmigrantes
Migración calificada y no calificada	Presencia de capacidades y derechos laborales			
Condición social de los migrantes	Mitigación de riesgo frente a amenazas a los derechos humanos			
Durante la migración (permanencia en el país de acogida)				
Naturaleza o calidad de la inserción en el país de acogida	Vulnerabilidad social y económica	Regularización de la situación	*Inclusión social y económica*	Cooperación bilateral en materia de migración laboral y proteción de inmigrantes

Dinámicas	Aspectos políticos	Administración	Desarrollo	Diplomacia
Remesas y otros costos de pago	Mercado de remesas	Nexos institucionales con políticas formales de migración laboral	*Aprovechamiento de herramientas de desarrollo por parte del Gobierno*	Asociaciones de desarrollo conjunto con gobiernos, comunidades de la diáspora y sector privado
Acceso a instituciones financieras y creación de activos, tanto en el país de origen como en el extranjero	Acceso financiero y educación; integración en el país de acogida			
Salud y educación	Protección social			
Inversión y actividades filantrópicas en país de origen	Alcance de la diáspora y compromiso transnacional			
Después de la migración				
Retorno voluntario e involuntario; retorno tras jubilación de migrantes mayores	Reinserción legal	Leyes de retorno y apoyo institucional	*Herramientas de reinserción e incentivos*	Programas bilaterales de cooperación para el desarrollo para retornados
	Reinserción social			
	Reinserción económica y laboral			

Fuente: Manuel Orozco.

Políticas y percepciones regionales sobre migración y desarrollo

¿Cómo adoptan las instituciones de la región políticas de desarrollo que aborden las realidades de la emigración y la interacción económica que proviene de la relación del migrante con su país de origen? ¿Cómo perciben, interpretan y responden las autoridades ante esta intersección? ¿Qué informa sus políticas?

Si bien los Gobiernos de América Central han diseñado diversas políticas relacionadas con la migración, en muchos casos éstas tienen limitaciones en cuanto al alcance y a la profundidad. La mayoría aborda el proceso previo a la migración o la posterior reinserción, pero no así los intercambios transnacionales que resultan de vivir en el extranjero. En esta sección se analiza exhaustivamente la medida en que la región aborda la migración y el desarrollo en el ámbito de las políticas públicas e identifica cómo las autoridades del Gobierno ven la relación entre ambos.

Políticas de migración y desarrollo en América Central

Los Gobiernos de América Central, particularmente los de El Salvador, de Guatemala y de Honduras, han invertido importantes recursos en la implementación de políticas que aborden los factores en la intersección de la migración y el desarrollo. Encontramos que los Gobiernos donde ocurre la emigración han adoptado políticas en materia de:

1. Prevención: para abordar el tema de los posibles migrantes y desincentivar la emigración.
2. Comunicación: para mantener los lazos con las comunidades de migrantes y de la diáspora.
3. Compromiso operacional: para promover asociaciones de desarrollo de migrantes.
4. Inserción: para facilitar la reinserción y el retorno de migrantes.

El Cuadro 4.2 ilustra la gama de iniciativas políticas gubernamentales existentes en los países mencionados. En los receptores, como Costa Rica y Panamá, el enfoque se centra en la situación legal y en la protección de migrantes. Si bien la lista parece extensa, las iniciativas se limitan a relativamente pocos proyectos de corto alcance e impacto. El cuadro 4.3 resume estas iniciativas.

Cuadro 4.2: Principales áreas abordadas por Gobiernos de América Central, 2013

Áreas	El Salvador	Honduras	Guatemala
Prevención a través de oportunidades económicas	X	X	X
Prevención a través de la educación	X	X	X
Prevención dirigida a los jóvenes	X	X	X
Consejos o juntas relativas a relaciones con la diáspora	X		X
Programas de extensión cultural	X		
Extensión política	X		
Extensión de salud		X	
Extensión educativa	X		X
Complementación de remesas		X	
Iniciativas de costos de remesas			
Proyectos de ayuda a la diáspora (documentación, emprendedurismo, acceso a servicios)	X	X	X
Promoción de inversión de la diáspora		X	X
Transferencia de conocimientos de la diáspora	X	X	
Importaciones destinadas a la diáspora			
Acceso a servicios de telecomunicación			
Promoción del turismo de diáspora			
Servicios de apoyo al retorno	X	X	X

Fuente: Manuel Orozco.

Cuadro 4.3: Principales políticas en materia de remesas y desarrollo, 2013

País	Áreas de acción	Principales iniciativas de políticas
El Salvador	Prevención	"Concientización sobre los riesgos de migrar de manera indocumentada"; "Desarrollo Humano y Migraciones"; Programa Apoyo Temporal Al Ingreso (PATI); Entrenamiento sobre derechos migratorios para Consulados
	Comunicación	CONMIGRANTES; Casa El Salvador; Derecho a votar en el extranjero
	Participación operacional	Salvador Global
	Reinserción	"Bienvenido a Casa"; Centros de Atención
Honduras	Prevención	"Desarrollo humano juvenil vía empleo, para superar los retos de la migración"
	Comunicación	Catracho Seguro; La Semana Binacional de Salud
	Participación operacional	Honduras Global; Remesas Solidarias y Productivas
	Reinserción	Centros de Atención; Fondo de Solidaridad
Guatemala	Prevención	"Política Nacional de generación de empleo seguro, decente y de calidad"; "Programa de generación de empleo y educación vocacional para jóvenes de Guatemala"
	Comunicación	CONAMIGUA; Programas de alfabetización
	Participación operacional	Remesas Productivas; Encuentro al Migrante (Inversión)
	Reinserción	Repatriados de Guatemala; Ofertas de empleo; Nuestras Raíces (reinserción juvenil)

Fuente: Manuel Orozco.

La mayoría de estas iniciativas se enfocan en la prevención y la comunicación; pocas abordan el rol económico de los emigrantes.

En materia de prevención, en los Gobiernos centroamericanos aumenta la preocupación por la emigración y por los riesgos asociados. Cada año, un promedio estimado de más de 100,000 centroamericanos –o 270 personas por día– (ver Capitulo 3) salen de su país; muchos se dirigen a Estados Unidos sin documentación. Estos migrantes –especialmente aquellos con escasa capacitación o medios para migrar legalmente– se enfrentan a grandes riesgos y desafíos. Las mujeres migrantes son particularmente vulnerables a una serie de abusos.

Algunos Gobiernos han implementado políticas para prevenir la emigración masiva o informar a la ciudadanía acerca de sus peligros, por ejemplo, respecto de lo que puede ocurrir en el cruce de fronteras y de la posibilidad de ser víctimas de delitos. El Salvador, Honduras y Guatemala apoyan programas educativos que entregan a los posibles migrantes conocimientos rudimentarios acerca de los problemas a que se exponen si deciden cruzar una frontera sin documentación.

La mayoría de los Gobiernos creen que la vinculación con la diáspora es esencial, a raíz de lo cual buscan integrar políticas que validen la realidad de una diáspora centroamericana. Algunos Gobiernos también han buscado conscientemente asociarse con organizaciones de la diáspora como una manera de promover el desarrollo. El Gobierno salvadoreño inició estos esfuerzos al promover alianzas con la diáspora en pequeños proyectos agrícolas. Más recientemente, Honduras estableció un programa de asociación con la diáspora en proyectos de desarrollo local. Sin embargo, la mayor parte de estos esfuerzos son de alcance limitado.

Algunas de las políticas implementadas en América Central han respondido además a los retos de la reinserción, en particular de los deportados. Si bien es cierto que algunos migrantes retornan por decisión propia, en la última década la mayoría de los retornados desde Estados Unidos volvieron deportados por falta de documentación.

El caso de los países receptores de migrantes: Costa Rica y Panamá

Las autoridades costarricenses consideran que la migración es importante para el país y aspiran a la integración de los nuevos residentes a la comunidad, al sistema educativo, al seguro social público, a la seguridad pública y al sistema judicial. La Dirección General de Migración y Extranjería (DGME) es una sólida institución adscrita al Ministerio de Gobernación. Sin embargo, la política oficial de integración de migrantes no es bien recibida por todas las instituciones o todos los sectores de la sociedad, por lo que los migrantes tienden a enfrentar ignorancia y actitudes xenofóbicas.

La singularidad del caso costarricense se desarrolla a partir de años de experiencia. En la década de 1980, el caos político a gran escala que vivió la región generó un importante flujo de migrantes hacia Costa Rica. Hoy en día siguen llegando, en tanto que los que ya han vivido en el país durante años han encontrado formas de regularizar su situación. La migración nicaragüense, que data de la década de 1960, actualmente representa el 20% de la fuerza laboral.

En Panamá, las políticas que afectan la migración laboral se establecen en un marco diseñado para proteger los derechos de los migrantes y fortalecer la seguridad por medio de controlar quién entra al país. Las autoridades sostienen que uno de sus componentes más importantes es la garantía de que los migrantes tengan acceso al sistema judicial, lo que ayuda a prevenir los delitos en su contra.

Percepciones de la intersección entre migración y desarrollo

En general, las autoridades centroamericanas estiman que la migración está vinculada al desarrollo y que las remesas son una de las más claras señales de esta relación.[103] Por otra parte, hay un consenso general sobre el hecho de que las condiciones en las cuales se da la migración afectan el tipo de desarrollo que se da. La academia y otra literatura muestran que no hay consenso o claridad, ni existe un marco unificador sólido.

Las autoridades de El Salvador expresaron su preocupación por la forma en que la inseguridad afecta el proceso de migración y por cómo la migración tiende a despoblar comunidades. Sienten que "la migración tiene un costo humano muy alto... No hay políticas que garanticen una migración regulada y segura". Están de acuerdo en que la migración juega un papel en la estrategia de desarrollo, pero niegan que constituya el desarrollo en sí mismo. "Desarrollo no es igual a migración", argumentan. En El Salvador, esta percepción ha llevado a la promoción de "pertenencia" o "arraigo" para evitar más migración, sobre todo entre la juventud salvadoreña.

---

[103] Se preguntó a funcionarios de los Gobiernos hondureño, salvadoreño, guatemalteco y costarricense sobre qué informó su forma de ver la migración y el desarrollo. En el caso de Nicaragua, se hicieron varios esfuerzos por contactar y entrevistar a autoridades de los ministerios de Relaciones Exteriores y de Trabajo y de la Oficina de Inmigración, los que sin embargo no respondieron.

En Honduras, las autoridades creen que la intersección entre migración y desarrollo se define por factores que se entrecruzan con la migración: falta de oportunidades en el país de origen y los recursos económicos que los migrantes envían, en particular las remesas. Algunos funcionarios públicos piensan que, si bien las remesas están conectadas con el desarrollo en la medida que aumentan los ingresos disponibles, su impacto puede ser mejorado a través de buenas políticas. Sin embargo, también creen que dentro de este proceso migratorio hay cuestiones de desarrollo vitales, tales como la falta de respeto a los derechos humanos durante la ruta migratoria y la desintegración familiar durante la vida migrante.

Las autoridades guatemaltecas ven la migración como un hecho conectado a la economía. Consideran que la relación es evidente y que las remesas son el puente más claro entre estas dos dinámicas. También consideran que el Gobierno debe facilitar y fortalecer el nexo entre migración y desarrollo, aun cuando manifestaron su preocupación por los efectos de la migración para las familias y mujeres. "La migración ofrece una oportunidad para muchos guatemaltecos que no tienen oportunidades en el país, donde las remesas traen ingresos muy necesarios para la alimentación, la educación o la vivienda. Sin embargo, la migración es muy difícil para las familias que están separadas". Agrega otro funcionario: "Las mujeres (a veces) no reciben directamente las remesas, por lo que se sienten controladas económicamente por los hombres de su comunidad".

En Costa Rica, las autoridades tienden a tener una visión unidireccional que excluye la emigración de costarricenses hacia el extranjero. En general, valoran el aporte de los inmigrantes a la diversidad cultural y la fuerza laboral del país. Un funcionario dijo que los inmigrantes "permiten a los costarricenses trabajar en otros empleos. Los que mejor lo saben son los empleadores".

Los puntos de vista de las autoridades son tan disímiles como las percepciones en el campo de la investigación. Ambos casos están condicionados por una reacción inmediata a los aspectos visibles de la migración: dinero y movilidad de indocumentados.

Una falta de proporcionalidad ante la realidad

Se observa que no hay proporcionalidad en cuanto a la magnitud de las actividades económicas relacionadas con la migración, la implementación de políticas o las ideas en torno a migración y desarrollo. Por ejemplo, a pesar de que la migración internacional en América Central no es un hecho nuevo, en los últimos 15 años pocas instituciones gubernamentales han creado mecanismos para hacer frente a los problemas económicos o de desarrollo relacionados con el tema.

El diseño y la implementación de políticas se han limitado a unas pocas iniciativas relacionadas con la deportación de migrantes y en menor medida con iniciativas en proyectos de desarrollo. Sin embargo, estas iniciativas no se comparan con la magnitud económica del nexo migración-desarrollo. En comparación, en 2008 en Guatemala la producción de café se llevó casi el 10% de los subsidios gubernamentales, dentro de un presupuesto agrícola de US$ 100 millones. Por otro lado, el Gobierno no realiza ninguna inversión en la transferencia de remesas que representó más de US$ 3,000 millones ese año.

Cuadro 4.4: Problemas de proporcionalidad, 2010

	Guatemala	El Salvador	Honduras	Nicaragua
Valor de las exportaciones de café	US$ 770,000,000	US$ 240,000,000	US$ 760,000,000	US$ 370,000,000
Valor de las remesas	US$ 4,127,000,000	US$ 3,539,500,000	US$ 2,527,000,000	US$ 966,000,000

Fuente: Observatorio de la Complejidad Económica (http://atlas.media.mit.edu/) y bancos centrales de cada país.

Es evidente que hay una desconexión entre las políticas, las percepciones y lo que ocurre en terreno. Esta desconexión puede ser explicada por lo que las autoridades consideran los aspectos más visibles de la migración: las remesas y la migración indocumentada en condiciones inseguras. En su mayor parte, las políticas que conectan migración y desarrollo se limitan tanto en el alcance como en la profundidad en los países anfitriones. Al no cubrir todos los niveles de compromiso con las comunidades que viven en el extranjero, el nivel de esfuerzo financiero y humano también es restringido.

Tratando de llenar este vacío, en la región hay más de 50 organizaciones no gubernamentales que trabajan en temas relacionados con la migración. Sus actividades son más integrales y más fortalecidas financieramente que las gubernamentales. Un análisis en 2013 de los trabajos realizados por las ONG de América Central muestra que su mayor interés está en la promoción, la investigación y los servicios de apoyo a los migrantes, tanto potenciales como retornados. Curiosamente, estas ONG generalmente soslayan los proyectos de desarrollo.

Cuadro 4.5: ONG de Centroamérica y su enfoque en la migración

Enfoque	Costa Rica	El Salvador	Guatemala	Honduras	Nicaragua	Total
Comunicación y promoción	6.1%	**19%**	**20%**	12%	**21.4%**	15.8%
Derechos humanos	**18.2%**	4.8%	8.9%	**16%**	10.7%	11.8%
Investigación	12.1%	9.5%	11.1%	8%	14.3%	11.2%
Apoyo legal	9.1%	4.8%	11.1%	8%	3.6%	7.9%
Educación general	6.1%	9.5%	4.4%	8%	7.1%	6.6%
Entrenamiento e investigación	3%	14.3%	22.3%	8%	7.2%	9.8%
Asistencia de emergencia (refugio, etc.)	0%	4.8%	6.7%	8%	0%	3.9%
Salud y asesoramiento psicológico	6.1%	4.8%	0%	8%	0%	3.3%
Reinserción y retorno	0%	9.5%	2.2%	4%	3.6%	3.3%
Otros	39.3%	19.0%	13.3%	20.0%	32.10%	24.4%
Año promedio de fundación	1988	1981	1990	1991	1994	1988
Número de ONG	9	6	14	5	6	40

Fuente: Conferencia Regional sobre Migraciones. Los porcentajes se refieren a la proporción de ONG dedicadas a un tema determinado en cada país.

Aunque algunos programas e iniciativas son prometedores, el impacto general no ha sido el adecuado debido a la limitación de recursos, a la falta de comprensión y a las metas insuficientemente ambiciosas.

Los Gobiernos no están necesariamente descuidando el nexo migración-desarrollo, pero sí existe un problema de proporcionalidad respecto de la realidad, la percepción y las iniciativas. La realidad indica que hay una sustancial movilidad laboral internacional (no regulada) que genera intercambios económicos importantes. Hay una percepción mixta de la importancia de estos intercambios, así como una visión mixta de las implicaciones de la migración, dadas las circunstancias difíciles y las deportaciones masivas. Las políticas para abordar estos problemas tienen un alcance limitado y existe una brecha en la comprensión de la relación entre migración y desarrollo y obstáculos a la hora de movilizar recursos.

La magnitud de la dinámica económica requiere de mayor atención por parte de las autoridades.

Un asunto que importa: migración y economías centroamericanas

En Centroamérica, la interdependencia entre migración y crecimiento económico se ha profundizado de manera sistemática. Los más de 4 millones de migrantes centroamericanos que trabajan en el extranjero han establecido una red de relaciones económicas que influye directamente en el crecimiento y la política en sus países de origen. Esta realidad no va a desaparecer; más bien, es probable que crezca. De hecho, como muestra el capítulo 2 y 3, las olas migratorias están en un punto de auge.

Cuadro 4.6: Distribución geográfica de los inmigrantes procedentes de seis países de América Central, 2013

País de origen	Países y regiones de destino						
	Estados Unidos		Costa Rica		Centroamérica		Mundo
	(#)	(%)	(#)	(%)	(#)	(%)	(#)
Costa Rica	83,920	64.4%	-	-	23,161	17.8%	130,364
El Salvador	1,371,767	89.8%	-	-	61,177	4.0%	1,526,093
Guatemala	929,961	88.6%	-	-	79,790	7.6%	1,049,865
Honduras	550,694	83.5%	-	-	54,778	8.3%	659,606
Nicaragua	274,293	41.9%	303,523	46.3%	340,185	51.9%	655,117
Panamá	112,222	74.8%	-	-	17,235	11.5%	149,952

Fuente: Naciones Unidas, obtenida del Centro de Investigaciones para el Desarrollo sobre Migración, Globalización y Pobreza (Migration DRC).

Cabe señalar que el 10% de los migrantes centroamericanos se ha movido dentro de la región, principalmente hacia Costa Rica, Panamá y El Salvador. De particular importancia son los migrantes nicaragüenses en Costa Rica, casi el 20% de los cuales son empleadas domésticas.[104] La importancia de estos compromisos económicos se ilustra en los siguientes cuadros. Las remesas familiares se han convertido en una importante fuente de ingresos para muchos de estos países.

---

[104] Véase Beatriz Slooten, "Trabajo Doméstico, Normas y Representaciones Sociales", Revista FLACSO, 2012.

Cuadro 4.7: Indicadores clave en las
economías centroamericanas, 2011

Indicadores principales, como porcentaje del PIB							
	Exportaciones de mercancías (%)	Total de exportaciones (%)	Inversión extranjera directa (%)	Turismo (%)	Ayuda externa (%)	Cinco indicadores anteriores (%)	Remesas (%)
Costa Rica	25	37	5	6	0.1	50	2
El Salvador	23	28	1	3	1.3	49	16
Guatemala	22	27	2	3	0.9	43	10
Honduras	41	48	6	4	3.8	78	16
Nicaragua	54	41	8	4	7.4	72	12
Panamá	24	81	9	11	0.3	103[91]	2

Fuente: Datos del Banco Mundial.

Las remesas reflejan la evolución actual de la migración y el crecimiento económico en América Central (ver el siguiente capítulo). El volumen de remesas a esta región es un subproducto de los lazos transnacionales formados entre las comunidades de la diáspora centroamericana y sus familiares en los países de origen. Las remesas, la mayoría de las cuales provienen de Estados Unidos, han crecido significativamente desde los US$ 100 millones que se reportaban en 1980 y al 2012 sobrepasaban los US$ 13,000 millones.

Sin embargo, cabe destacar que la magnitud y efectos de las remesas varían entre países. Por ejemplo, en época reciente las remesas a El Salvador y Guatemala superaron los US$ 3 mil millones anuales en cada país, mientras que en Panamá y Costa Rica fueron en promedio de US$ 500 millones.

---

[105]   Los datos oficiales de Panamá muestran que el comercio de servicios excede el PIB informado.

Cuadro 4.8: Remesas a América Central (US$ 000), 1980-2012

	1980	1990	2000	2010	2012
Costa Rica	4,000	47,703	120,384	509,000	530,000
El Salvador	10,880	322,105	1,750,700	3,539,500	3.650,000
Guatemala	26,000	106,600	563,439	4,127,000	4,377,000
Honduras	2,000	50,000	409,600	2,527,000	2,862,000
Nicaragua	11,000	73,554	320,000	966,000	1,053,000
Panamá	65,000	110,000	160,000	297,000	592,000
Centroamérica	**118,880**	**709,962**	**3,351,912**	**12,065,500**	**13,064,000**

Fuente: Bancos Centrales de cada país.

Las remesas no son la única manera en que los migrantes se relacionan con sus países de origen. En investigaciones anteriores se ha demostrado que las llamadas telefónicas, los mensajes de texto, las visitas al país de origen y el consumo de alimentos importados, por ejemplo, se traducen en ingresos adicionales para el país de origen. A ello hay que agregar la construcción de activos a través de ahorros o de inversiones y las actividades filantrópicas de los migrantes. El cuadro siguiente ofrece una descripción del impacto del transnacionalismo económico centroamericano en su región.

Cuadro 4.9: Indicadores clave de impacto en el corredor América Central-Estados Unidos, 2012

Tendencia actual	América Central	Guatemala	El Salvador	Honduras
Migrantes centroamericanos en el extranjero	4,054,000	1,043,000	1,374,000	623,000
Número de inmigrantes en Estados Unidos	2,912,000	785,000	1,168,000	450,000
ACTIVIDADES ECONÓMICAS DE LOS MIGRANTES				
Remesas desde Estados Unidos	US$ 8,254,551,000	US$ 3,237,696,000	US$ 2,373,840,000	US$1,209,600,000
Valor de las importaciones destinadas a la diáspora	US$ 2,475,545,000	US$ 992,800,000	US$ 667,250,000	US$ 382,500,000
Telecomunicaciones-minutos y textos	US$ 1,495,155,600	US$ 448,512,000	US$ 471,000,000	US$ 270,000,000
Valor de las telecomunicaciones internacionales	US$ 163,744,734	US$ 53,821,440	US$ 42,390,000	US$ 32,400,000
Proporción de llamadas a Estados Unidos desde América Central	54%	94%	29%	72%
Turismo: visitas de migrantes a país de origen	US$1,164,962,400	US$ 467,200,000	US$ 314,000,000	US$ 180,000,000
Valor de transferencia de capital (inversiones personales)	US$ 658,851,500	US$ 222,750,000	US$ 127,000,000	US$ 43,250,000
Valor de donaciones filantrópicas	US$ 58,248,120	US$ 23,360,000	US$ 15,700,000	US$ 9,000,000
ACTIVIDADES ECONÓMICAS DE LOS BENEFICIARIOS				
Acumulación de ahorro de los hogares receptores	US$ 2,096,932,000	US$ 840,960,000	US$ 565,200,000	US$ 324,000,000
Inversión en bienes raíces y negocios	US$ 658,851,500	US$ 127,000,000	US$ 222,750,000	US$ 43,250,000
Dependencia de los ingresos de remesas	0.55			

Fuente: Manuel Orozco.

Los hogares que reciben remesas son capaces de construir un ahorro significativo en el tiempo. Las remesas tienen un efecto directo en el aumento de la renta disponible, lo que se convierte típicamente en una acumulación de ahorros. Esto no significa que la gente planifique destinar las remesas al ahorro sino que, del ingreso total, incluyendo remesas, se ahorra y se acumula una parte. Los ahorros crecen a medida que aumenta el ingreso disponible.

De las remesas hacia Guatemala, Honduras y Nicaragua, más del 40% se ahorra.[106] Un número sustancial de beneficiarios ahorran, sin importar su género, localización rural, edad o ingreso. El número de beneficiarios que ahorran es mayor en Guatemala que en Nicaragua, aun cuando en Guatemala la dependencia de las remesas es mayor. La población de dependientes de remesas en Nicaragua tiene menores ingresos en general y, por lo tanto, existe mayor necesidad de cubrir el consumo básico, particularmente entre quienes reciben remesas desde Costa Rica. (Estas remesas son de menor valor que las que se reciben desde Estados Unidos). En todos los casos, las personas que ahorran están entre los que reciben más remesas.

Cuadro 4.10: Remesas y ahorros

	Guatemala		Nicaragua		Honduras	
	No ahorra	Ahorra	No ahorra	Ahorra	No ahorra	Ahorra
Comportamiento de ahorro	27.5%	72.5%	55.2%	44.8%	57%	43%
Promedio anual recibido	Q28,332	Q39,964	C$49,125	C$69,594	US$2208	US$2928

Fuente: Manuel Orozco, Proyectos de educación financiera en Guatemala y Nicaragua, 2011. Reflejado en monedas nacionales para Guatemala y Nicaragua, y dólares estadounidenses para Honduras.

---

[106] Fuentes: para Guatemala y Nicaragua programas de educación financiera a receptores de remesas, para Honduras encuesta a hogares realizada en 2009.

No sólo los que reciben más remesas tienden a ahorrar más, sino también el monto ahorrado aumenta con el aumento en las remesas. En otras palabras, mientras más se recibe, más se ahorra. El Cuadro 4.11 muestra que los ahorros varían en el caso de Nicaragua, en parte por el lugar de origen de las remesas.

Cuadro 4.11: Remesas recibidas y montos ahorrados

Cantidad anual recibida (US$) \ Stock de ahorro (US$)	Guate-maltecos	Nicaragüenses desde Estados Unidos	Nicaragüenses desde Costa Rica	Hondureños
Menos de 1,500	268	510	311	386
1,500 a 2,500	336	730	420	1014
2,501 a 3,500	414	570	366	846
Más de 3,500	788	1099	504	855

Fuente: Manuel Orozco, Proyectos de educación financiera en Guatemala y Nicaragua. Stock de ahorros es la cantidad de dinero ahorrada como reserva para llegar a la meta financiera.

Gráfico 4.1: Promedio anual de remesas recibidas y balance de ahorros (US$) por país

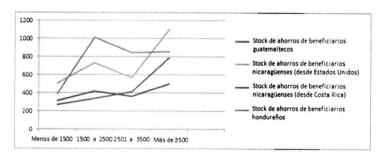

Fuente: Manuel Orozco.

Estas cifras sugieren que los aumentos en las remesas –en cantidad o en frecuencia– conllevan aumentos en ahorros. Ésta es una consideración importante para las autoridades que buscan aumentar el acceso financiero por medio de la movilización de los ahorros.

Las tendencias identificadas aquí tienen un significativo impacto en el desarrollo y en el crecimiento económico. El resultado global de estas dinámicas y relaciones se traduce en una fuerza que influye y es influida por el desarrollo y por las políticas de desarrollo. Por ejemplo, la acumulación de activos tiene el efecto de reducir la pobreza entre los receptores de remesas. Del mismo modo, la presencia o la ausencia de políticas que aprovechen estas estrategias de creación de activos pueden mejorar aún más el crecimiento económico de un país.

Al comparar la dinámica de políticas existentes, la falta de proporcionalidad es más clara.

Opciones y agenda política: priorizar, replicar, escalar e impactar

Los países de la región deben considerar la adopción de un enfoque múltiple que integre un entendimiento más educado de cómo interactúan la migración y el desarrollo, así como replicar buenas prácticas existentes, aprovechar posibles estrategias para lograr un impacto en el desarrollo y determinar necesidades y políticas prioritarias.

1. Interpretaciones fundamentadas y realistas

Ya sea por motivos de urgencia, de percepción o supuestos, existe una desconexión entre las oportunidades que surgen de la migración y las decisiones políticas adoptadas en respuesta. Uno de los mecanismos para reducir la brecha es informar mejor a las autoridades y al sector privado sobre las dimensiones más amplias de la intersección entre migración y desarrollo, particularmente en cuanto concierne a cada país. Este ejercicio puede hacerse de varias maneras: a través de una investigación a fondo a cargo de los Gobiernos, de talleres con expertos en la materia o mediante la colaboración con instituciones internacionales dedicadas al tema. Dado que el desarrollo se ve afectado por la inmigración y la afecta, los Gobiernos deben considerar la intervención en todas sus etapas y la inversión del capital y los recursos necesarios para integrar esta política a la política nacional.

2. Replicar buenas prácticas a escala con miras a su impacto

Al considerar los proyectos de desarrollo, en primer lugar es importante alinear objetivos y resultados esperados y establecer un conjunto medible de indicadores para determinar si se logran los resultados deseados. Los resultados se pueden medir de dos formas. La primera analiza la correspondencia entre resultados esperados y producto real entregado, en tanto la segunda analiza el impacto sobre el desarrollo local. Este último punto es crucial: la entrega de un producto no garantiza un impacto positivo en el desarrollo local. Se puede pavimentar una calle o equipar una escuela, pero el impacto depende de si el proyecto mejora la calidad de vida y las circunstancias materiales de las personas en la comunidad.[107]

---

[107]   El concepto de desarrollo utilizado en este documento se toma del Programa de las Naciones Unidas para el Desarrollo (PNUD), el cual lo caracteriza como "crear un entorno en el que las personas puedan desarrollar todo su potencial y llevar una vida productiva y creativa de acuerdo con sus necesidades e intereses" (PNUD 2006). Además, podemos considerar el desarrollo como una condición que permite a los individuos y la sociedad disfrutar de una vida saludable, ser libres, tener oportunidades de movilidad ascendente y mejorar sus condiciones materiales (Orozco, 2007).

En este contexto, se presenta a continuación un marco analítico para evaluar el grado en que las remesas o los proyectos de desarrollo de la diáspora[108] mejoran la calidad de vida. Los estudios muestran que, para que un proyecto de desarrollo tenga éxito, debe cumplir con cinco criterios:[109] apropiación local, correspondencia con las necesidades de la comunidad, sostenibilidad en el tiempo, replicabilidad en otros contextos y rendición de cuentas a las partes interesadas.

Cuando existen alianzas, hay otra serie de indicadores a considerar sobre su calidad que sirven como medio para controlar el valor que puede añadir. La calidad de la alianza se puede medir de varias maneras, pero tres enfoques claves son el riesgo compartido, el compromiso de recursos y la confianza.[110]

Cuadro 4.12: Marco para medir el impacto sobre el desarrollo de los proyectos de la diáspora

Apropiación	· Los miembros de la comunidad participan en la toma de decisiones · Los miembros de la comunidad participan en la implementación · Los miembros de la comunidad controlan los proyectos después de su finalización
Correspondencia	· El proyecto responde a necesidades básicas · Las necesidades satisfechas son una prioridad del desarrollo · La implementación ocurre en asociación o coordinación con otras instituciones

[108]   Jenny Robinson (2002) escribió sobre la relación entre las diásporas y el desarrollo como una relación de tres filos: (1) desarrollo en la diáspora, (2) desarrollo a través de la diáspora y (3) desarrollo por la diáspora.

[109]   Manuel Orozco y Kate Welle, "Hometown Associations and Development: Ownership, Correspondence, Sustainability and Replicability". 2006. Disponible en: http://goo.gl/EqT0At

[110]   Ver en particular, Manuel Orozco, "En búsqueda de opciones y soluciones: Remesas familiares, asociaciones de diáspora y oportunidades de desarrollo en África", FIIAPP, 2010.

Sostenibilidad	· El proyecto facilita objetivos de desarrollo · No constituye una carga o costos adicionales para los beneficiarios · Tiene un largo ciclo de vida
Replicabilidad	· Los recursos para el proyecto están fácilmente disponibles en otras comunidades · El ámbito institucional para facilitar la aplicación existe en otras comunidades
Alianzas	· Riesgo compartido · Compromiso de recursos · Confianza
Riesgos	· Inversiones no evaluadas contra la realidad · Socios no participan plenamente en la implementación · Gobierno anfitrión no está comprometido con apoyar la iniciativa

Fuente: Manuel Orozco.

Apropiación

Al considerar las remesas o el aporte de la diáspora al desarrollo, la apropiación local es clave y entregar herramientas para esta apropiación es esencial. Los proyectos dirigidos por asociaciones de migrantes, ONG o instituciones de microfinanzas (IMF), por ejemplo, deben abarcar no sólo un bien común sino también un medio para transmitir la propiedad o el control de los proyectos a los miembros. La apropiación de un proyecto puede ocurrir a través de la participación en la creación, la toma de decisiones y el proceso de implementación, o por medio de remesas directas a la comunidad.

Una consideración central es el enfoque de género, factor que puede cumplir un papel en el impacto en el desarrollo de las remesas. Un trabajador agrícola que remesa dinero a su madre en Zacatecas o un obrero de la construcción tayiko de Moscú que envía dinero a su madre en Dushanbe influye significativamente en el gasto que estas mujeres pueden permitirse. En Latinoamérica, la mayoría de los receptores de remesas son mujeres y la mitad son amas de casa. Las políticas que las incluyan –tales como programas de ahorro– potencian el impacto en esta población.

La participación de la comunidad varía según el tipo de proyecto. Los que requieren de asistencia técnica externa y poca participación de la comunidad muchas veces carecen de un fuerte sentido de propiedad. Los que muestran mayor sentido de propiedad son los que generan ingresos o empleo. Las pequeñas empresas que ofrecen trabajo para la comunidad son un ejemplo. Algunos proyectos requieren de participación permanente en reuniones, lo que potencia un mayor sentido de pertenencia. Crear espacios para que la comunidad vote o exprese sus prioridades promueve este objetivo. El nombramiento de un enlace con la diáspora es otro mecanismo que facilita la apropiación del proyecto.

Correspondencia

Cuanto más un proyecto aborde las necesidades básicas de la comunidad, mayor será su aporte al desarrollo. Para evaluar la correspondencia en los proyectos de la diáspora, se consideraron tres indicadores: 1) responder a las necesidades sociales, económicas y culturales de la comunidad; 2) basarse en un entendimiento o diagnóstico claro de la necesidad (por ejemplo, el estado de la atención médica, educación e infraestructura pública y financiera) y la base económica de la comunidad y 3) asignar recursos a las áreas definidas como prioritarias para la comunidad.

Las agencias gubernamentales también pueden ayudar a identificar las necesidades de desarrollo. En este caso, fortalecer el conocimiento por parte de la diáspora de las agendas de desarrollo nacional y local del país de origen es un paso importante para adecuar un proyecto a las necesidades de desarrollo.

Sostenibilidad

Un proyecto es sostenible cuando mejora la calidad de vida y las circunstancias materiales más allá de su conclusión. La sostenibilidad también requiere que la inversión brinde un impacto a largo plazo que no genere una carga para la comunidad o las futuras generaciones. Los proyectos inconclusos o con crecientes costos de mantenimiento generan una carga.

Cuando los proyectos de la diáspora se basan en alianzas para conseguir financiación pública o privada, una forma de garantizar la sostenibilidad es evaluar cómo continuar sin dicho financiamiento externo. En proyectos de generación de ingresos, otra forma de potenciar la sostenibilidad es desarrollar un plan claro para su reinversión.

Replicabilidad

Un proyecto aporta al desarrollo cuando sus atributos y funciones pueden ser replicados con facilidad y no dependen de las circunstancias locales o especiales de una comunidad o donante institucional. Un proyecto replicable abre el camino para estrategias regionales que van más allá de una sola comunidad.

A menudo los insumos esenciales para un proyecto son simples, tales como un grupo organizado y acceso a capital.

El apoyo institucional se puede encontrar cuando las asociaciones de la diáspora toman la iniciativa y se organizan bien. Sin embargo, en lugares donde los proyectos pueden ser replicados, la comunidad puede no estar consciente de la disponibilidad de los recursos. Esto significa que para replicar proyectos se necesita un proceso cuidadosamente documentado, una estrategia de comunicación e iniciativa por parte de residentes que quieran hacer proyectos similares. Si bien las asociaciones de la diáspora pueden tener capital para financiar proyectos, la falta de acceso o de conocimientos sobre el financiamiento público-privado puede obstaculizar los proyectos de desarrollo.

Alianzas

Una alianza de proyectos relacionados con las remesas requiere un conjunto mínimo de elementos, que incluyan ideas y objetivos comunes y el compromiso de recursos conjuntos. (Las partes interesadas pueden incluir comunidades de la diáspora, familias beneficiarias, líderes locales, funcionarios de gobierno, instituciones financieras locales o nacionales y organizaciones de la sociedad civil). Estas características se mantienen con el reconocimiento mutuo de relaciones simétricas, recursos y riesgos compartidos, con el compromiso con un cronograma, con la confianza y la responsabilidad en la ejecución del proyecto y con el acceso a la información y el conocimiento de los problemas y soluciones que conlleve.

Riesgo

El reconocimiento de los participantes de los retos y de los obstáculos, antes y durante la implementación del proyecto, es fundamental para evaluar el impacto de un proyecto. Los riesgos se relacionan con el compromiso de recursos y con imprevistos tales como emergencias o cambios drásticos. Es importante determinar una base para lo que constituye un riesgo del proyecto e identificar por adelantado posibles formas de reducirlo.

Capítulo 5. Tendencias de las remesas familiares y su relación con la inclusión financiera[111]

Como el capítulo anterior mostró, las remesas constituyen uno de los rubros más importantes de la economía de la región y una de las actividades más típicas realizadas por los inmigrantes dentro de su transnacionalismo económico.

En cuanto a las remesas, por ejemplo, los países de América Central recibieron más de US$ 15 mil millones en remesas en 2014, la mayoría de los cuales provenían de Estados Unidos.

Personas y hogares de la región dependen de las remesas, junto con una variedad de otras fuentes de ingresos, para ayudar a cubrir los gastos diarios, como alimentación, vivienda, educación y salud. El impacto de las remesas es muy positivo al permitir a los hogares cubrir estos gastos. Además es importante considerar que las remesas contribuyen a construir prosperidad mediante la creación de riqueza.

La contribución está en la forma en que la remesa aumenta el ingreso disponible para el ahorro, y el acceso a los servicios financieros útiles, fiables y asequibles posibilita mayor riqueza. El acceso financiero puede ampliar y profundizar el impacto positivo de las remesas en cada una de las etapas del proceso de remisión: el acceso a servicios de envío fiables y asequibles para el remitente, el acceso a los servicios bancarios y las estrategias de ahorro para los destinatarios.

Las estrategias para aumentar el acceso financiero para los remitentes y los destinatarios pueden tener impactos profundos de desarrollo, tanto a nivel micro como macro.

---

[111]   Manuel Orozco y Julia Yansura, Diálogo Interamericano, febrero de 2015.

Tendencias de las remesas en 2014

Las remesas en América Latina crecieron al menos un 4% en 2014, y es el primer crecimiento importante desde 2009. Los países centroamericanos tuvieron un alto crecimiento entre 2013 y 2014.

La economía y los aspectos sociales y políticos pueden estar afectando estos flujos. Los países con crecimiento positivo y muy positivo se caracterizan por estar vinculados con aumentos en la migración y con flujos de remesas provenientes de Estados Unidos que probablemente se están beneficiando del aumento de la migración, de la mejora en el trabajo y del crecimiento económico en ese país.

Cuadro 5.1: Estimación de los flujos de remesas a
América Latina y el Caribe, 2014 (en millones de US$)

País	2013	2014	Crecimiento	Expectativa de crecimiento del PIB (%)	Remesas como porcentaje del PIB (2013)	Tendencia
Panamá	398	643	61.6%	6.5	1.1	Alto***
Haití	1,836	2,475	34.8%	3.6	21.1	Muy positivo
Honduras	3,121	3,509	12.5%	3	16.9	Muy positivo
Guatemala	5,105	5,567	9.0%	3.5	10.0	Positivo
República Dominicana	4,262	4,638	8.8%	5.9	7.3	Positivo
México	21,892	23,607	7.8%	2.1	1.8	Positivo
El Salvador	3,953	4,217	6.7%	1.9	16.4	Positivo
Nicaragua	1,078	1,140	5.8%	4.2	9.6	Positivo
Jamaica	2,065	2,124	2.9%	0.9	15.0	Promedio-bajo
Ecuador	2,450	2,482	1.3%	4	2.6	Promedio-bajo

País	2013	2014	Crecimiento	Expectativa de crecimiento del PIB (%)	Remesas como porcentaje del PIB (2013)	Tendencia
Uruguay	123	124	0.6%	2.9	0.2	Promedio-bajo
Perú	2,707	2,644	-2.3%	2.4	1.3	Negativo
Bolivia	1,182	1,153	-2.4%	5.3	3.9	Negativo
Costa Rica	561	543	-3.2%	3.7	1.2	Negativo
Colombia	4,071	3,459	-15.0%	4.7	1.1	Muy negativo
Paraguay	519	428	-17.6%	4	2.0	Muy negativo
Brasil**	1,007	667	-33.8%	0.1	0.1	Muy negativo
Argentina	991	991	*	-1.5	0.1	
Cuba	1,200	1,200	*	NA		
Guyana	405	405	*	3.6	11.0	
Suriname	113	113	*	4.2	0.1	
Trinidad & Tobago	129	129	*	2.1	NA	
Belice	72	72	*	2.6	4.6	
Venezuela	803	0	*	-3	NA	
Total	60,043	62,330	3.8%	0.9	1.1	

Fuente: Banco Central de cada país, Panamá: Oficina Nacional de Estadística y el Banco Mundial

* No hay datos disponibles, 2012/13 para los cálculos de volumen ALC.

** Estas cifras subestiman mucho los flujos. El volumen estimado es de alrededor de 7-8 mil millones remitida por 1 millón de brasileños en todo el mundo, que envían más de US$ 7,000 al año.

*** El alto crecimiento reportado por las autoridades panameñas. La cuestión se abordará más adelante en el capítulo.

Ningún factor por sí solo explica la recuperación de las remesas que muchos países de la región están

experimentando. Más bien, una serie de factores han in-
teractuado y han contribuido a un mayor nivel de envío
en 2014. Estos factores incluyen el empleo y los nuevos
patrones de migración, así como la frecuencia y el método
de envío.[112]

A la luz de la recuperación de las remesas a muchos
países de la región, es importante tener en cuenta su relación con el desarrollo y con las políticas y estrategias
que se pueden utilizar para profundizar su impacto en el
desarrollo.

Impulsando las remesas para el desarrollo

Existen enlaces importantes entre las remesas y el desarrollo ya que las remesas tienen el potencial de transformar
el bienestar material de los migrantes, sus familias y sus
comunidades. Las remesas permiten a los hogares receptores vivir mejor, ya que permiten hacer mayores gastos
en alimentación, vivienda, salud y educación. Es por ello
que las políticas públicas que incentiven su uso adecuado
pueden potenciar su impacto positivo en las reservas a nivel
nacional, la tasa de cambio y las proporciones de ahorro y
crédito. Adicionalmente, desde la perspectiva de políticas
públicas, los flujos de remesas tienen un efecto importante
en cuanto a la reducción de los niveles de pobreza al esti-
mular así el desarrollo económico.[113]

El punto de partida para la intersección entre las remesas y el desarrollo es el impacto que generan estos ingresos

---

[112]   Para un análisis más detallado vea Manuel Orozco, Laura Porras, y Julia
Yansura, "Trends in Remittances to Latin America and the Caribbean
in 2014", Diálogo Interamericano, febrero de 2015.

[113]   Para una discusión más detallada, vea Manuel Orozco, "Remittances
and Assets: conceptual, empirical and policy considerations and tools",
UNCTAD, 2012. Disponible en: http://goo.gl/grJS1Z

en los hogares y en las personas. Desde la perspectiva de los receptores, las remesas típicamente conforman un conjunto con otras fuentes de ingresos (salariales, rentas, transferencias sociales). De todas esas fuentes, se reservan y se construyen los ahorros. En vista que las remesas tienen el efecto de aumentar el ingreso disponible, el receptor posee una mayor capacidad para ahorrar. Por eso, a nivel del hogar receptor, las remesas contribuyen a construir activos líquidos y fijos.[114]

Es importante, eso sí, diferenciar entre ahorros formales e informales. Muchos hogares receptores de remesas ahorran, pero sin acceso a servicios financieros, por tanto, gran parte de estos ahorros se vuelven informales.[115]

El rol del acceso financiero

El impacto de las remesas en el desarrollo depende de un número de instrumentos financieros. El gráfico 5.1 detalla cómo un mayor acceso financiero puede ampliar y profundizar los impactos de las remesas en el desarrollo en cada etapa del proceso.

---

[114]   Ibid.

[115]   En algunos casos, los receptores de remesas se enfrentan a barreras geográficas, sociales o legales que hacen que sea muy difícil para ellos acceder a una institución financiera. Incluso aquellos que tienen acceso no podrán utilizar las instituciones y los servicios financieros, ya que no se dan cuenta de que tienen acceso o ya que no entienden los beneficios de su uso. Por ejemplo, muchos receptores de remesas entran las instituciones financieras sobre una base mensual para recibir sus remesas, pero no tienen una cuenta de ahorros o de cheques con esa institución. En vista de ello, el acceso al financiamiento y a la educación financiera puede ayudar a movilizar el ahorro informales receptores de remesas en el sector financiero formal.

Gráfico 5.1: Impacto del acceso financiero y las remesas

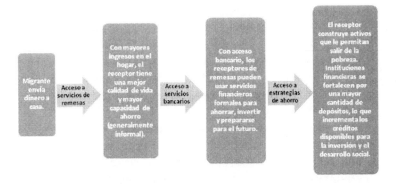

En primer lugar, los migrantes dependen de acceso a proveedores de servicios de remesas (PSR) para enviar dinero a casa. Los fondos entonces se "trasladan" desde la cuenta bancaria estadounidense del PSR hacia la cuenta bancaria del socio pagador en el país receptor. Este socio paga el dinero directamente en efectivo o en cuenta bancaria a quien le corresponde.[116] En esta etapa del proceso la remesa tiene un importante impacto para el hogar, ya que provee una calidad de vida más cómoda, por lo menos en el corto plazo.

Cuando la familia del migrante recibe su remesa, un segundo mecanismo financiero entra en juego: con esta fuente adicional de ingreso, el receptor tiene una mayor capacidad de ahorro.[117] Sin embargo, el que este ahorro sea formal o informal va a depender de su acceso a servicios bancarios. Los ahorros informales tienen algunos beneficios, pero no tienen la seguridad ni el valor agregado de los ahorros for-

---

[116] Los PSR dependen del acceso financiero también. Para mayor información sobre cierre de cuentas bancarias y su impacto en el mercado de las remesas, consultar Manuel Orozco, "Family Remittances and Business Intermediation", Diálogo Interamericano, 2013.

[117] Para una discusión más detallada, vea Manuel Orozco, "Remittances and Assets: conceptual, empirical and policy considerations and tools", UNCTAD, 2012. Disponible en: http://goo.gl/grJS1Z

males.[118] En este sentido, el acceso financiero puede expandir el impacto de la remesas de manera significativa, le permite al hogar receptor construir activos y mejorar su calidad de vida a largo plazo.

Finalmente, estrategias para promover ahorros e inversión formal pueden ayudar a los hogares receptores a crear activos que los pueden llevar a una mejor situación económica. En términos muy sencillos: no es suficiente tener acceso a servicios formales, también se necesita sentirse capacitado para usar estos servicios de manera adecuada e informada. Al mismo tiempo, los aumentos en ahorros e inversión fortalecen las instituciones financieras y facilitan el acceso a crédito a mayor escala. Esto, a su vez, puede tener un impacto profundo en el desarrollo económico de toda la comunidad.

Apalancando las remesas para el desarrollo: escala e impacto de las intervenciones

Como se ha venido señalando, la intermediación financiera ocurre en múltiples etapas durante el envío y la recepción de remesas (ver Gráfico 5.1).

Economistas, la comunidad internacional para el desarrollo y quienes elaboran políticas públicas han expresado interés en garantizar mecanismos financieros eficientes y sólidos para que las remesas puedan tener un mayor impacto en el desarrollo.

El cuadro 5.2 detalla la escala y el impacto de intervenciones posibles para responder a este desafío en lo referente al servicio de remesa y al acceso financiero.

---

[118]   Ahorros informales pueden ser hurtados o perderse. El ahorro informal en forma de agricultura o ganado es precario y vulnerable. Adicionalmente, no generan intereses y no son considerados cuando se aplica para un préstamo u otros productos financieros ya que no se considera parte de la historia crediticia del individuo.

Cuadro 5.2: Escala e impacto de las intervenciones en remesas para el desarrollo y mecanismos financieros

	Temas a considerar	Soluciones	Impacto
Acceso a servicios de remesas	• Costo de las transferencias • Competencia • Transparencia	• La tecnología puede ayudar a proveer un servicio rápido, seguro y a bajo costo. • Fomentar la buena competencia y transparencia.	"Reducir los costos de envío de remesas de 10 a 5 por ciento resultaría en un aumento de US$ 16 mil millones destinados a los bolsillos de los migrantes y sus familias" de acuerdo con el Banco Mundial.[105] Corredores con más competencia y transparencia están asociados a mejores precios, servicio, más productos disponibles.[106]
Acceso a servicios bancarios	• Acceso geográfico • Acceso legal • Acceso social	• Ampliar el acceso financiero en zonas rurales a través de instituciones no tradicionales como establecimientos comerciales, microcrédito y vía telefónica. • Reducir las barreras existentes para el acceso financiero garantizando a las minorías sus respectivos documentos de identificación. • Incentivar a instituciones financieras a trabajar con todo tipo de clientes.	Con acceso a servicios financieros, el receptor de remesas puede tener un consumo acorde (a través del ahorro), evitar riesgos (a través de un seguro) o aumentar el capital humano y económico (a través de la inversión).
Acceso a estrategias de Ahorro y educación financiera	• Mejorar el manejo de las finanzas personales • Promover el pensamiento de metas y prioridades a largo plazo	• Una educación financiera puede ayudar a mejorar las finanzas personales de los clientes y cambiar actitudes negativas. • Garantizar que dichos servicios sea de bajo costo, de fácil acceso para permitir el ahorro.	Movilizar US$ 500 en ahorros por hogar entre 500,000 receptores de remesas en 3 años resultaría en un aumento de US$ 250,000,000 del monto disponible que puede ser destinado a créditos.

Fuente: Manuel Orozco.

[119] Marco Nicoli, "5x5 = US$16 billion in the pockets of migrants sending money home", Banco Mundial, 27 de noviembre de 2012. Disponible en: http://goo.gl/Emqlxm

[120] Manuel Orozco, Sonia María Pellecer y Laura Porras, "Manual para Elaborar Proyectos sobre Remesas", Organización Internacional para las Migraciones, 2014. Ver también Céspedes, Monge y Vargas, "Análisis comparativo del Impacto de las Remesas", FOMIN, 2010.

Mejorar el servicio de envío de remesas y disminuir costos

Cuando observamos el proceso de la intermediación de remesas, uno de los temas más discutidos por la comunidad internacional versa sobre el costo de transacción. Los servicios de remesas son considerados por algunas contrapartes como costosos e ineficientes.[121] Debido a ello, es importante considerar las siguientes preguntas: ¿se pueden disminuir los costos de forma razonable? ¿Cuál sería el impacto de esto en el desarrollo?

Alcance internacional

Los costos de remesas varían dependiendo de la región; África y el Pacífico son las regiones más costosas para remitir el equivalente a US$ 200. Por el contrario, Latinoamérica y Asia Central son de los lugares más baratos para remitir. Como el cuadro 5.3 señala, estas variaciones en los costos dependerán de una realidad práctica y regulatoria que presenta retos al mercado. Estos retos, particularmente, se deben a regulaciones, competencia en el origen, existencia de mercados informales, economías de escala en su origen y destino y los costos de operación de las empresas. El cuadro ejemplifica los costos de envío en varias regiones y su relación a los factores mencionados.[122]

---

[121] Consultar, por ejemplo, Mark Anderson, "Global remittance industry choking billions out of developing world", The Guardian, 18 de agosto de 2014. Disponible en: http://goo.gl/NkUrRe

[122] Para una discusión más detallada sobre remesas y sus costos, consultar Manuel Orozco, "Transaction Costs: Considerations on remittances, financial access, and impact on rural areas", 2014.

Cuadro 5.3: Factores que influyen los costos de transacción para el envío de US$200, 2014

Región	Promedio costo total*	Promedio de población rural	Regulaciones	Competencia	Economía de escala	Costos de operación
África (Sur)	9%	61%	Restrictivas	Débil	Limitada	Altos
Pacífico	9%	68%	Moderadas	Débil	Limitada	Altos
África (Norte)	9%	40%	Moderadas	Moderada	Moderada	Altos
Europa (Este)	8%	39%	Restrictivas	Débil	Moderada	Moderados
Sureste Asiático	8%	53%	Moderadas	Fuerte	Grande	Bajos
Medio Oriente	7%	32%	Moderadas	Moderada	Grande	Moderados
Cáucaso – Balcanes	7%	37%	Restrictivas	Fuerte	Moderada	Moderados
Sud-Asia	7%	67%	Restrictivas	Fuerte	Grande	Moderados
Caribe	**7%**	**41%**	**Abiertas**	**Moderada**	**Grande**	**Moderados**
Sur América	**6%**	**33%**	**Abiertas**	**Fuerte**	**Grande**	**Bajos**
Centroamérica y México	**5%**	**40%**	**Abiertas**	**Fuerte**	**Grande**	**Bajos**
Asia Central	2%	59%	Abiertas	Fuerte	Grande	Bajos

Fuente: Manuel Orozco.

*Estos costos están calculados con base en una transferencia de $ 200 y no están ponderados de acuerdo con la participación de mercado de la empresa. El precio real de una transferencia puede ser más bajo. Regulaciones: nivel de restricciones existentes para autorizar a las instituciones a pagar remesas. Competencia: número de competidores en el mercado (5 o menos: débil; 6-10: moderado; más de 10: competencia alta); Economías de escala: número de transacciones de los distintos países receptores. Al tener la escala más baja, mayor es el costo de operación para la industria (limitada: menor a 750,000; moderada: entre 750,000–2,500,000; grande: mayor a 2,500,000); costos de operación: existencia de infraestructura para la comunicación, liquidez, facilidad en la conformar transacciones, etc.).

A la luz de esta información, una estrategia viable para la reducción de los costos de envío no sólo deberá centrarse en medir los costos, sino que deberá tener en cuenta la necesidad de abordar los demás costos asociados (competencia, ambiente regulatorio, economías de escala e infraestructura).

En cuanto a la segunda pregunta, es útil considerar cuál sería el impacto, en cuanto al desarrollo se refiere, si los costos de envío se reducen. El Banco Mundial, quien ha propuesto reducir el costo a un 5% en los próximos 5 años, argumenta que "al reducir los costos de envío de remesas de 10 a 5% resultaría en un ahorro de US$ 16 mil millones al año destinados a los bolsillos de los migrantes y sus familias".[123] Con las remesas llegando a $ 404 mil millones en 2013 hacia los países en vías de desarrollo,[124] el plan 5x5 podría, en teoría, aumentar el valor de remesas en un 4% a nivel mundial.

Alcance región centroamericana

En el caso de Centroamérica, el objetivo de un costo de 5% por envío, en promedio, ya se ha logrado. Como refleja el gráfico 5.2, estos costos han disminuido en años recientes. Actualmente, el costo promedio para el envío de US$ 200 es de 4.5%, o US$ 9 para los principales países receptores seleccionados.

---

[123]   Marco Nicoli, "5x5 = US$16 billion in the pockets of migrants sending money home", Banco Mundial, 27 de noviembre de 2012. Disponible en: http://goo.gl/Emqlxm

[124]   "Migration and Remittances: Recent Developments and Outlook", Migration and Development Brief 22, Banco Mundial, 11 de abril de 2014. Disponible en: http://goo.gl/QFKpEs

Gráfico 5.2: Costos de envío de $200 en Centroamérica (%), 2014

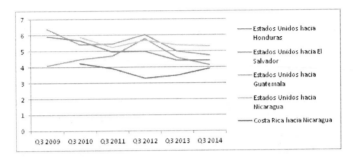

Fuente: Base de datos, Precios de Envíos de Remesas, Banco Mundial.

Sin bien los precios de remesas para países centroamericanos ya son bajos, cuando lo comparamos con los demás precios internacionales, vale la pena considerar qué tipo de impacto en el desarrollo se podría observar si los precios se hacen aún más asequibles a través del incremento de la competencia, de la mejora de la infraestructura o del implemento de nuevas tecnologías, por ejemplo.

En Centroamérica, la competencia del mercado ha llegado casi al punto de saturación. Las industrias han bajado sus precios en forma consecuente con una economía de escala, gracias a la cantidad de empresas que participan y a que el mercado se encuentra relativamente al día con las tecnologías disponibles, incluso moviéndose hacia transferencias por Internet. Los costos se encuentran en un promedio de 5% por US$ 200 enviados y 4% por US$ 300. El precio más competitivo actualmente se encuentra a 3.5% y es el costo de una transferencia por Internet.

Una reducción de 0.5% (igualando así el precio actual promedio de 4% al porcentaje más bajo del mercado, 3.5%) en el costo podría generar un ahorro anual de entre US$ 3 y US$ 18 para cada migrante, y un total de US$ 48 millones.[125]

---

[125]   La pregunta es si, bajo el modelo actual, los negocios podrían cambiar la actitud del cliente de remitir en efectivo y retirar en efectivo, y hacer que envíe en efectivo y retire a través de depósito a cuenta con el incentivo de un menor precio.

Cuadro 5.4: El posible impacto de la reducción de costos, 2014

País	Costa Rica	El Salvador	Guatemala	Honduras	Nicaragua	Nicaragua-CR
Corredor	Estados Unidos-Costa Rica	Estados Unidos-El Salvador	Estados Unidos-Guatemala	Estados Unidos-Honduras	Otros-Nicaragua	Costa Rica-Nicaragua
Promedio transferido (US$)	$ 301	$ 339	$ 363	$ 225	$ 200	$ 100
Transferido anual ($)	$ 3,612	$ 4,068	$ 4,356	$ 2,700	$ 2,400	$ 1,100
Migrantes	183,195	1,131,268	1,231,657	1,217,667	337,737	412,789
Costo por transacción	5%	4%	4%	4%	4%	3%
Volumen de pagos por año	$25,449,971	$141,599,920	$165,080,029	$111,276,040	$ 26,147,362	$10,985,523
Disminución por 0.5%	$22,904,974	$127,439,928	$148,572,026	$100,148,436	$ 23,532,625	$ 9,886,971
Ahorro anual por migrante	**$ 18**	**$ 16**	**$ 17**	**$ 12**	**$ 10**	**$ 3**
Ahorro por corredor	**$ 2,544,997**	**$ 14,159,992**	**$ 16,508,003**	**$ 11,127,604**	**$ 2,614,736**	**$ 1,098,552**
		Ahorro Total: $48 millones				

Fuentes: Promedio de transferencia: Banco Mundial, Base de Datos de Remesas; transferencia anual: es de 12 veces el promedio mensual de monto transferido;[126] migrantes y remitentes: información de data recolectada por el autor basada en múltiples estudios sobre monto de transferencias; costo de transacción: data del Banco Mundial, como % del costo de envío US$ 200.

126   Éste es un estimado conservador, los migrantes envían 13 veces al año.

La estrategia de reducir precios es sin duda parte de una estrategia más amplia para incrementar el impacto de las remesas en el desarrollo, pero en el contexto centroamericano actual, donde ya los precios son bastante bajos, las estrategias relacionadas con incrementar el acceso financiero y promover el ahorro podrían ser más significativas. Las próximas secciones describirán esas estrategias con mayor profundidad.

Acceso a servicios bancarios como estrategia de inclusión financiera

Otra estrategia consiste en mejorar el acceso financiero. Esto implica conectar a las personas migrantes y receptoras de remesas a servicios financieros formales que puedan utilizar para administrar sus ingresos, planear para el futuro, crear activos y mitigar riesgos.

El World Savings Bank Institute mide el acceso financiero en términos del uso, apertura, formalidad y capacidad funcional de las instituciones financieras.[127] La pregunta es, entonces, si las personas migrantes y receptoras de remesas tienen acceso a servicios financieros y si estos servicios son utilizados, abiertos a todos los miembros de la sociedad, si son seguros y efectivamente regulados, y si cubren las necesidades de sus usuarios.

Alcance internacional y regional

La respuesta corta a esta pregunta es no. La necesidad de un mejor acceso financiero entre migrantes y receptores de remesas ha sido bien documentada. Entre migrantes en

---

[127] Stephen Peachey, "Savings Banks and the Double Bottom Line", World Savings Banks Institute, mayo de 2006. Disponible en: http://goo.gl/VS0708

Estados Unidos un 60% tiene cuentas bancarias,[128] lo cual representa una modesta mejora en comparación con años previos, pero aún no es el acceso adecuado. Mientras tanto, sólo una de cada tres personas tiene cuenta bancaria en los principales países receptores de remesas de América Latina y el Caribe. Esta tasa es aún menor entre ciertos sectores de la población, como grupos rurales y de bajos ingresos. El cuadro 5.5 documenta niveles de acceso financiero en la región.

Cuadro 5.5: Indicadores de acceso
financiero, países selectos (%) - 2011

Indicadores por población (Edad 15+)	Mundo	América Latina[114]	El Salvador	Guatemala	Honduras	Nicaragua	México	Bolivia	Colombia	Rep. Dominicana	Haití	Jamaica
Cuenta en una institución financiera formal												
Total	50	39	14	22	21	14	27	28	30	38	22	71
Mujeres	47	35	10	16	15	13	22	25	25	37	21	67
Ingresos (bajos 40%)	41	25	6	13	13	6	12	17	15	22	5	72
Rural	44	35	11	NA	14	10	11	20	26	28	15	70
Adultos jóvenes	37	26	10	22	17	8	29	19	13	28	6	63
Cuenta usada para:												
Recibe transferencias sociales	13	10	3	3	2	0	4	2	4	7	1	4
Recibe remesas	7	4	3	4	4	2	5	4	3	9	11	15
Recibe ingresos	21	20	6	10	8	5	14	10	19	15	8	14

Fuente: Global Findex, Banco Mundial, 2011.

---

[128]   Consultar Manuel Orozco con Mariellen Jewers, "Economic Status and Remittance Behavior among Latin American and Caribbean Migrants in the Post-Recession Period", Banco Interamericano de Desarrollo, abril de 2014. Disponible en: http://goo.gl/NBbhQ3

[129]   Sólo en vías de desarrollo.

Los desafíos del acceso financiero están estrechamente vinculados con los temas de costos mencionados en la sección previa. Es decir, estos desafíos tienen que ver con la penetración del mercado y con la inserción de los clientes en redes de pago formales. Por eso, las soluciones incluyen reducir las barreras de entrada, expandir la competencia para que los clientes tengan más opciones, expandir el rango de servicios disponibles, extender redes de pago (particularmente en lugares rurales, donde los costos de transacción pueden ser más altos) y ayudar a reducir, de ser posible, los costos de operación. Estas soluciones son más exitosas cuando están ligadas al acceso financiero, ya que los clientes disfrutan de un mayor control sobre sus recursos a través de instrumentos de pago accesibles y asequibles.[130]

Alcance para los hogares

El impacto en el desarrollo centroamericano de expandir el acceso financiero sería significativo si se aumentara la base de usuarios. Aumentar el número de receptores de remesas con cuenta bancaria en cinco puntos porcentuales resultaría en la creación de 167,000 nuevas cuentas bancarias, como muestra el siguiente cuadro.

---

[130] Una importante contribución del aumento del acceso financiero con miras a aumentar la eficiencia en los pagos y bajar los costos es el uso de tecnologías en el pago. Éstas incluyen tarjetas, páginas web y transferencias móviles. La tecnología puede jugar un rol importante en disminuir costos si éstos cumplen con los requisitos básicos del usuario dentro de una inclusión financiera real. Esto quiere decir que estos servicios deben ser de bajo costo, convenientes, asequibles (amplios en su origen y destino en formas de pago), flexibles (pueden ser utilizados para una variedad de transacciones financieras) y transparentes. Para más información sobre esto consultar Manuel Orozco, "Transaction Cost Considerations on Remittances and Financial Access and its Impact in Rural Areas", 2014.

Cuadro 5.6: Impacto del acceso financiero, estimaciones para países centroamericanos selectos, 2014

	Estados Unidos- El Salvador	Estados Unidos- Guatemala	Estados Unidos- Honduras	Resto -Nicaragua-	Costa Rica - Nicaragua
Transferencia de remesa promedio (US$)	339	363	225	200	100
Valor anual de remesas (US$ millones)	4,068	4,356	2,700	2,400	1,100
Migrantes internacionales	1,131,268	1,231,657	1,217,667	337,737	412,789
Hogares receptores de remesas (Est. #)	870,206	947,429	936,667	272,368	332,895
Receptores con cuentas bancarias (%)	38%	42%	61%	17%	17%
Hogares receptores con cuentas bancarias (Est. #)	330,678	397,920	571,367	46,303	56,592
Impacto de aumentar bancarización por 5 puntos porcentuales (# de cuentas creadas)	43,510	47,371	46,833	13,618	16,645
Impacto de aumentar bancarización por 5 puntos porcentuales si receptor recibe una remesa promedio en la cuenta (flujos de dinero US$)	14,749,992	17,195,836	10,537,504	2,723,680	1,664,475

Fuentes: Promedio de transferencia: información de precios Banco Mundial; transferencias anuales: es de 12 veces el promedio de transferencia mensual;[131] migrantes y datos de remesas: estimaciones con base en encuestas e investigaciones en transferencias de remesas; hogares receptores con cuentas bancarias: datos de 2014 de instituciones de envío de remesas[132] para El Salvador, Guatemala y Honduras, y de participantes en programas de educación financiera para Nicaragua.

---

[131]   Esto es una estimación conservadora; en promedio, migrantes envía 13 veces al año.

[132]   Consultar Manuel Orozco con Mariellen Jewers, "Economic Status and Remittance Behavior among Latin American and Caribbean Migrants in

Aumentar el acceso financiero también podría resultar en que más personas reciban sus remesas directamente en su cuenta bancaria. Por ejemplo, en el caso de El Salvador, el 60% de las remesas se pagan a través de bancos.[133] Sin embargo, sólo una pequeña fracción de estas remesas se deposita directamente en una cuenta bancaria.[134] Si el porcentaje de receptores de remesas con cuentas bancarias aumentara por 5 puntos porcentuales por país y estos receptores optaran por tener su remesa depositada directamente en su cuenta para sus gastos, esto resultaría en más de US$ 46 millones al año al año entrando en el sistema bancario a través de depósitos a cuenta.

Promoviendo el ahorro

Los hogares receptores de remesas, gracias a sus ingresos adicionales, tienen mayor capacidad para ahorrar.

Como muestra el siguiente cuadro, los receptores de remesas de países alrededor del mundo, incluyendo los de países de menores ingresos, sí ahorran. Su saldo de ahorros varía considerablemente, de US$ 250 a US$ 2,500 por país. Sin embargo, lo importante de esta información desde el punto de vista de promoción del desarrollo es que sólo una fracción de estos ahorros se guardan formalmente.

---

the Post-Recession Period", Banco Interamericano de Desarrollo, 2014. Disponible en: http://goo.gl/NBbhQ3

[133] Información de bancos centrales. Ver, por ejemplo, http://goo.gl/u5pYUR

[134] Aproximadamente el 20% de salvadoreños reciben remesas, de acuerdo con una encuesta elabora a 1010 salvadoreños en El Salvador elaborado por Diálogo Interamericano en el verano de 2014. Sólo el 3% de los salvadoreños dice que utilizan su cuenta bancaria para recibir remesas (Global Findex, 2011).

Cuadro 5.7: Capacidad de ahorro
entre receptores de remesas

Región	País	Personas que ahorran (%)	Personas que ahorran formalmente (%)	Saldos de ahorro ($)
Latinoamérica y el Caribe	Guatemala	69	40	900
	Jamaica	79	65	1,455
	México	59	12	650
	Nicaragua	43	17	500
	Paraguay	63	19	250
Europa Oriental	Azerbaiyán	80	23	150
	Armenia	47	17	2,468
	Moldava	72	19	1,478
Asia Central	Tayikistán	33	32	498
	Kirguizistán	38	14	1,636
	Uzbekistán	42	31	980
	Paraguay	63	19	250

Fuente: Manuel Orozco, Diálogo Interamericano, datos de programas de educación financiera en varios países.

Aunque el acceso financiero es un importante precursor para una estrategia destinada a la promoción de ahorros, es posible que el acceso financiero en sí no sea suficiente. Incluso los que tienen cuentas bancarias no las usan de forma regular colocando sus ahorros. Por ejemplo, aunque el 27% de los mexicanos tienen cuentas bancarias, sólo el 7% ahorraron dinero de manera formal en el último año.[135]

Estos datos implican que muchas de las personas con cuentas bancarias no las utilizan regularmente para ahorrar. El problema puede estar relacionado con la oferta

---

[135] Ver Manuel Orozco con Mariellen Jewers, "Economic Status and Remittance Behavior among Latin American and Caribbean Migrants in the Post-Recession Period", Banco Interamericano de Desarrollo, 2014. Disponible en: http://goo.gl/Xog470

de productos: su costo y su usabilidad son cruciales, como sugiere el World Savings Bank Institute. También puede ser un problema de demanda: es posible que algunos receptores de remesas no vean el valor de usar productos financieros formales.

Alcance para la región centroamericana

Visto esto, una estrategia que promueva el ahorro puede ayudar a asegurar que los productos financieros no sólo sean accesibles, sino que también se utilicen para el beneficio del cliente, de su familia y de su comunidad. El efecto agregado de los ahorros fortalece a las instituciones financieras y puede facilitar el acceso a crédito para la inversión.

Como muestra el cuadro de abajo, movilizar los ahorros informales hacia el sector financiero formal podría generar casi US$ 2 mil millones en ahorros para los países centroamericanos. El nivel de reserva ahorrada de manera informal, o bajo el colchón, es sustancial. Cuando el promedio de ahorro es más de US$ 1,000, el volumen total entre los más de dos millones de receptores con ahorro representa 1.96 mil millones. Esta cifra no es de minimizar; por ejemplo, en el año 2013 el volumen total de depósitos, la gran mayoría realizados por grandes empresas y no por particulares, fue de US$ 9 mil millones.[136] Una estrategia de movilizar los ahorros de los salvadoreños aumentaría la inclusión financiera, la tasa de depósito del país, particularmente en zonas distribuidas en el país, y promovería más el acceso al crédito.

---

[136]   "Ranking de bancos 2014", Revista Estrategia y Negocios.

Cuadro 5.8: Impactos proyectados de la movilización de ahorros entre receptores de remesas

	El Salvador	Guatemala	Honduras	Nicaragua-Resto	Nicaragua-Costa Rica
Transferencia promedia (US$)	339	363	225	200	100
Valor anual de remesas (US$ millones)	4,068	4,356	2,700	2,400	1,100
Migrantes internacionales	1,131,268	1,231,657	1,217,667	337,737	412,789
Hogares receptores de remesas (Est. #)	870,206	947,429	936,667	272,368	332,895
Receptores con cuentas bancarias (%)	38%	42%	61%	17%	17%
Hogares receptores con cuentas bancarias (Est. #)	330,678	397,920	571,367	46,303	56,592
Hogares receptores sin cuentas bancarias (Est. #)	539,528	549,509	365,300	226,065	276,303
Promedio en ahorros (formal e informal)	1400	900	1200	500	500
Impacto de la movilización del ahorro hacia cuentas bancarias formales (US$)	755,338,808	494,557,938	438,360,156	113,032,720	138,151,425
Impacto total de movilización de ahorro: US$1.94 mil millones					

Fuentes: Promedio de transferencia: información de precios: Banco Mundial; transferencias anuales: de 12 veces el promedio de transferencia mensual;[137] migrantes y datos de remesas: estimaciones con base en encuestas e investigaciones en transferencias de remesas; hogares receptores con cuentas bancarias: datos de 2014 de instituciones de envío de remesas[138] para El Salvador, Guatemala y Honduras y de participantes en programas de educación financiera para Nicaragua; ahorro: estimado con base a varios programas de educación financiera elaborados por Diálogo Interamericano.

---

[137]   Esto es una estimación conservadora; en promedio, migrantes envía 13 veces al año.

[138]   Consultar Manuel Orozco con Mariellen Jewers, "Economic Status and Remittance Behavior among Latin American and Caribbean Migrants in the Post-Recession Period", Banco Interamericano de Desarrollo, 2014. Disponible en: http://goo.gl/Xog470

Alcance para los hogares

En cuanto a hogares receptores de remesas, los ahorros formales garantizan que el monto disponible para el ahorro permanezca seguro en caso de desastres naturales, crimen o cualquier otro evento inesperado. Los beneficios del ahorro formal también incluyen el pago de intereses y acceso a otros servicios financieros (las cuentas bancarias de ahorro son el ejemplo más típico, pero entre otros el cliente podría aplicar a una tarjeta de crédito y crear una historia crediticia que eventualmente podría llevar a solicitar un crédito para adquirir su hogar principal).

A la luz de estos datos, la promoción de ahorros es una de las estrategias más efectivas para impulsar remesas para logar el desarrollo, tanto a nivel de hogar como a nivel nacional. Un método es el de la educación financiera.

Estudios han mostrado que los "consumidores con educación financiera ayudan a ejercer presiones competitivas en las instituciones financieras, quienes entonces ofrecen servicios más transparentes y asequibles, ya que los consumidores saben comparar opciones, hacer buenas preguntas y negociar de manera efectiva".[139] La educación financiera también puede ayudar a cerrar la brecha entre las instituciones financieras y los grupos tradicionalmente excluidos, como los receptores de remesas.

El Diálogo Interamericano ha desarrollo un modelo de educación financiera que ofrece asesorías individuales a migrantes y a receptores de remesas a través de alianzas con instituciones financieras como bancos y cooperativas financieras. Estos programas han sido exitosos en promover la inclusión financiera y el ahorro entre participantes.

---

[139] Margaret Miller, Nicholas Godfrey, Bruno Levesque, y Evelyn Stark, "The Case for Financial Literacy in Developing Countries: Promoting Access to Finance by Empowering Consumers", Organization for Economic and Co-operative Development, febrero de 2009.

Dichas alianzas con instituciones financieras locales facilitan el ahorro formal, lo cual ofrece importantes beneficios para hogares, instituciones financieras y comunidades.

Junto al apoyo de diversas instituciones, el Diálogo Interamericano ha provisto asesoría financiera a más de 200,000 personas a nivel mundial. En promedio, uno de cada cuatro participantes en el programa abre una cuenta bancaria o adquiere otro producto financiero (como créditos, seguros, o certificados de depósito) luego del programa.

Cuadro 5.9: Programas de educación
financiera: indicadores clave

País	Participantes	Tasa de conversión[126]	Depósitos (US$)	% que ahorra[127]	Año del proyecto	Duración (meses)
Azerbaiyán	18,000	28%	1,944,000	47%	2009	9
Georgia	21,000	13%	3,276,000	81%	2009	9
Guatemala	14,000	20%	1,120,000	66%	2010	9
Nicaragua	10,000	21%	460,000	42%	2011	4
Paraguay	12,000	27%	864,000	73%	2011	6
Moldava	7,000	5%	140,000	-	2008	3
Tayikistán	42,000	21%	4,500,000	31%	2011	9
Kirguizistán	32,000	22%	1,750,000	38%	2011	9
Uzbekistán	5,000	19%	780,000	30%	2012	4
Armenia	12,800	42%	4,600,000	20%	2012	9
Moldava	26,900	16%	8,400,000	56%	2012	9
México	9,300	24%	350,000	50%	2013	6
Jamaica	9,300	24%	1,100,000	78%	2013	6

Fuente: Manuel Orozco, Diálogo Interamericano, datos recogidos durante la implementación de los proyectos.

---

[140] Éste es el porcentaje de participantes quienes adquieren un producto adicional con la institución financiera como resultado del entrenamiento de inclusión financiera. Esto incluye abrir una cuenta bancaria, hacer depósitos en cuenta de ahorro, adquirir seguros o solicitar un crédito, entre otras cosas.

[141] Incluye ahorros informales y formales.

Los objetivos principales de estos programas son:

1. Aumentar los niveles de educación financiera entre receptores de remesas y promover una cultura de ahorro.

2. Asegurar que los receptores de remesas se sientan cómodos con el uso de productos financieros formales y que tengan la información necesaria para saber cómo manejarlos.

3. Capacitar al personal de la institución financiera sobre la conexión entre las remesas y las finanzas y ayudarlos a comprender el perfil del receptor de remesas como un potencial cliente.

4. Aconsejar a las instituciones financieras sobre el rol que pueden jugar en aumentar la educación financiera y los pasos que pueden tomar para atraer los ahorros informales de los receptores de remesas.

Programa en foco: educación financiera en México

Como en otras partes de Latinoamérica, muchos receptores de remesas mexicanos no tienen educación financiera ni acceso a servicios financieros básicos. De acuerdo con una encuesta elaborada en 2010, la mayoría de los receptores de remesas ahorra, pero sólo pocos lo hacen en una institución financiera formal.

En México, El Diálogo Interamericano se alió con la Asociación Mexicana de Uniones de Crédito del Sector Social (AMUCSS), una organización dedicada a proveer servicios financieros a zonas rurales y a personas de bajo recursos. Los educadores financieros se ubicaron en las filiales de AMUCSS en Puebla, Guerrero, Michoacán, Hidalgo, and Oaxaca. Este proyecto, que abarcó a 9,300 clientes, tuvo una conversión de 24% hacia los servicios financieros. Sus depósitos han resultado en un monto de US$ 350,000.

Los programas de educación financiera comienzan por seleccionar y por capacitar a un grupo de educadores financieros. Luego, en consulta con socios locales, se seleccionan sucursales de atención con un alto porcentaje de receptores de remesas. Los educadores financieros son enviados a dichas sucursales, donde interceptan a clientes después de retirar sus remesas para explicarles los beneficios de la inclusión financiera.

La educación financiera es exitosa pues involucra a los clientes en una discusión abierta sobre sus finanzas y metas personales, además de presentar los conceptos básicos de la gestión financiera. Adicionalmente, ofrece productos disponibles que se corresponden con las realidades y las necesidades de los clientes, como cuentas de ahorro, seguros o créditos. Cuando la educación financiera se corresponde con las necesidades particulares de cada cliente, puede ayudar a hacer cambios positivos en su comportamiento financiero y generar mayor interés en planear para el futuro, mitigar riesgos y crear activos.

Capítulo 6. Diásporas y desarrollo: inversión y comercio nostálgico en Centroamérica

En este capítulo, identificamos otros aspectos por los que los inmigrantes se conectan y con los que contribuyen al desarrollo en sus países de origen. Éstos son el emprendimiento, la inversión y el comercio. Este capítulo presenta datos de varias fuentes, incluyendo un nuevo estudio entre migrantes salvadoreños, como punto de partida para discutir tendencias y oportunidades en cuanto a comercio e inversión migrante.

Dado que este tipo de comercio e inversión se alimenta de recursos personales de migrantes promedio, y por tanto los montos son usualmente modestos, se exploran también los mecanismos para fortalecer estos aportes mediante el acceso a servicios financieros y a asistencia técnica.

Además de enviar dinero, los migrantes centroamericanos visitan sus países, llaman a casa y adquieren productos importados de sus países de origen.[142] También se involucran en actividades de inversión transnacional, de comercio y emprendedoras. Como se señala en el cuadro siguiente, el involucramiento transnacional incluye una gama de actividades. Cada una de las formas de acercamiento tiene a su vez importantes impactos en las economías locales.

---

[142] El consumo por la diáspora de productos importados del país de origen (incluyendo, de forma enunciativa mas no limitativa, alimentos y bebidas) se conoce como el "comercio nostálgico".

Cuadro 6.1: Vinculación transnacional (entre migrantes que envían remesas)

Tipo de vinculación	% Encuestados
Viaja a su país por lo menos 1 vez al año	32%
Gasta más de $ 1,000 durante su viaje	55.9%
Llama a casa por lo menos 1 vez a la semana	61%
Gasta por lo menos 20 minutos por llamada	63%
Compra productos importados de su país ("comercio nostálgico")	68.4%
Envía más de $ 300 por cada remesa	31%
Envía remesas por uso en un negocio	8%
Envía remesas por uso en una hipoteca	12%

Fuente: Encuesta de migrantes latinoamericanos y caribeños en EEUU, "Transnational Engagement, Remittances and their Relationship to Development in Latin America and the Caribbean", Orozco, Lowell, Bump y Fedewa, 2006.

Este capítulo inicia presentando el marco conceptual para comprender la migración y las actividades emprendedoras migrantes. Luego procede a dar una mirada del caso específico del comercio nostálgico, con un enfoque particular en El Salvador. Gracias al consumo cotidiano de comidas, bebidas y otros productos que provienen de su país de origen, los migrantes crean vínculos comerciales importantes con éstos. De esta manera promueven factores de crecimiento económico y diversificación, cualidades que son muy necesarias en las economías locales. El capítulo procede luego a examinar las tendencias actuales en cuanto a la inversión de la diáspora, enfocándose de nuevo en el caso de El Salvador. Finaliza con recomendaciones para facilitar el involucramiento de la diáspora mediante la inversión y el comercio.

Migración y actividades emprendedoras: oportunidades en casa y más allá de la frontera

Los migrantes contribuyen de maneras directas e indirectas a las economías con las que se vinculan, tanto en los países de acogida como en sus países de origen. Esta sección del capítulo presenta un marco general e información contextual relevante para entender las actividades emprendedoras de los migrantes antes de pasar a profundizar en los casos específicos de la inversión migrante y del comercio nostálgico.

Es importante anotar que las motivaciones para el emprendimiento migrante son diversas. En algunos casos, la persona migrante decide abrir su propio negocio ya que el mercado laboral tradicional se encuentra cerrado para él o ella; esto puede ocurrir debido a barreras a la hora de hablar un idioma, al estatus legal o a la discriminación. En otros casos, la persona decide realizar un emprendimiento para aprovechar al máximo alguna particular habilidad técnica, por ejemplo el uso de tecnologías de información. En otras ocasiones, quienes migran ven oportunidades en sus propias experiencias transnacionales y abren negocios de comercio nostálgicos o similares. Cualquiera sea la razón, los índices de emprendimiento por parte de quienes migran son altos y tienen impactos relevantes en la economía y en el desarrollo.

Las actividades emprendedoras de las personas migrantes en sus países de acogida

Los migrantes centroamericanos contribuyen al desarrollo de empresas y de negocios en Estados Unidos de manera importante. De acuerdo con el Immigration Policy Center, el 14% de los negocios en Estados Unidos tienen como propietario a una persona latina o asiática.[143] De hecho, contar con un negocio propio es más común entre migrantes nacidos en el extranjero que entre la población nativa estadounidense (10.5% comparado con 9.3%), según datos de Robert Fairlie. Las tasas de creación de negocios propios entre migrantes no sólo son más altas sino que también se están acelerando. La apertura de negocios por parte de migrantes ha crecido de manera sostenida en 0.62%, mientras que la de la población nacida en Estados Unidos se ha mantenido relativamente sin cambios en un 0.28%.[144]

Partiendo de los datos proporcionados por la Encuesta Comunitaria en América (American Community Survey, ACS)[145] es posible analizar diferencias entre grupos de personas según país de origen. Los migrantes nacidos en Corea, Honduras, Guatemala y El Salvador tienen las mayores tasas de personas que inician actividades emprendedoras, según mide el ACS. El cuadro 6.2 muestra el detalle.

---

[143]   Las 2.3 millones de empresas de propiedad de latinos en Estados Unidos tuvieron ventas e ingresos de $ 350.7 mil millones y emplearon a 1.9 millones de personas en 2007. Las 1.5 millones de empresas de propiedad de asiáticos en Estados Unidos tuvieron ventas e ingresos de $ 506 mil millones y emplearon 2.8 millones de personas en 2007.

[144]   Robert W. Fairlie, "Immigrant Entrepreneurs and Small Business Owners, and their Access to Financial Capital", estudio encargado por la Administración de Pequeños Negocios de Estados Unidos, mayo de 2012.

[145]   En esta encuesta, la variable "trabajadores por cuenta propia en negocios no incorporados" funciona como variable para distinguir emprendedores.

Cuadro 6.2: Iniciativa empresarial por país de origen, 2013

Trabajadores en negocio propio, no-incorporado - 2013	
Nacidos en Estados Unidos	5.6%
Migrantes nacidos en otro país	7.7%
Salvadoreños	9.0%
Guatemaltecos	11.8%
Hondureños	9.8%
Etíopes	6.2%
Mexicanos	8.6%
Chinos	5.5%
Coreanos	11.4%

Fuente: American Community Survey, 2013 1-year estimates.

Un estudio reciente[146] mostró que la categoría "emprendedor" es una de las ocupaciones más comúnmente indicada entre quienes migran desde América Latina y el Caribe hacia Estados Unidos, después de "trabajador en construcción," "trabajador en servicios" y "vendedor." Del 8% que reportaron ser "emprendedores", la mayoría son hombres. Comparando promedios, también llevan más tiempo viviendo en Estados Unidos (15 años, en comparación con 9 años para la muestra total) y son un poco mayores (43 años para emprendedores y 36 años para la muestra total). Esto sugiere que tal vez les haya tomado algún tiempo establecerse en Estados Unidos antes de abrir sus negocios. El cuadro a continuación resalta la prevalencia de iniciativas emprendedoras entre diversos grupos migrantes de América Latina y el Caribe.

---

[146]   Orozco con Jewers, 2014.

Cuadro 6.3: Tipo de empleo por nacionalidad (%)

	Centroamérica			Otro latinoamericano/ caribeño					
	El Salvador	Guatemala	Honduras	México	Haití	Dominicana	Jamaica	Colombia	Total
Construcción	20.6	18.1	21	21.7	8.2	4	19.3	9.1	18.2
Servicios	29.4	21.4	9	15.2	20.6	14.1	5.7	27.8	18
Vendedor/a	5.7	15.4	12	14.4	4.1	13.1	13.6	20.7	13.5
Empresario/a en negocio propio	8.8	6.6	2	8.2	5.2	10.1	23.9	6.1	8.2
Limpieza	13.9	6.6	7	4.6	9.3	0	0	4.5	5.7
Cocinero/a	6.7	3.8	9	4.7	2.1	1	0	1	4.1
Jardinero/a	2.1	3.3	1	6.4	2.1	0	0	0	3.9
Ama de casa	3.1	6	2	2.4	0	11.1	8	1	3.2
Profesional	1	4.4	3	1.2	1	3	8	13.1	3.2
Mesero/a	2.1	1.6	3	3.3	1	1	3.4	3.5	2.8
Fábrica	0	1.1	0	4.4	0	0	0	0	2.3
Niñera	1.5	2.2	0	2.5	0	1	1.1	0.5	1.8
Agricultura	2.6	0	3	2.4	1	0	0	0	1.7
Desempleado/a	0	1.1	0	1.5	7.2	1	5.7	0.5	1.6
Estudiante	0.5	1.1	0	0.5	1	10.1	6.8	1.0	1.4

Fuente: Encuesta de 2,000 migrantes latinoamericanos y caribeños en EEUU. Orozco con Jewers, Diálogo Interamericano, 2014.

En promedio, un 8% de los migrantes se identifica como "emprendedor." Su involucramiento en los negocios se extiende desde su país de origen hasta su comunidad de residencia en Estados Unidos, como se discutirá en la próxima sección. Este porcentaje es además comparable al de la población general en Estados Unidos para la cual el 12% de las personas señalan "emprendedor" como su ocupación.[147]

Inversión de la diáspora en los países de origen

Además de las actividades emprendedoras en Estados Unidos, la diáspora contribuye a la formación de negocios en sus países de origen aportando directa e indirectamente capital, conocimientos y trabajo. Estas contribuciones, a su vez, tienen impactos sobre el desarrollo, en especial en países con limitado desarrollo económico y bajos índices de crecimiento.

Cerca de la mitad de quienes migran tienen ahorros o inversiones –formales e informales– en montos que se acercan a los US$ 2,700 en promedio. El 8% de los migrantes afirman además que ahorran específicamente con el objetivo de invertir en algún negocio. Existen variaciones entre los grupos según nacionalidad: un 6% de salvadoreños, un 2% en el caso de guatemaltecos y un 14% de hondureños encuestados reportan ahorrar con la finalidad de invertir. El cuadro que se presenta a continuación resume este hallazgo.

---

[147] Mohana Ravindranath, "Entrepreneurship up 60 percent in US since last year", The Washington Post, 29 de noviembre de 2012. Disponible en: http://goo.gl/qu4Vxv

Cuadro 6.4: Inversión y ahorros de la diáspora

	Promedio	Norte de Centroamérica			Otros latinoamericanos y caribeños				
		El Salvador	Guatemala	Honduras	México	Rep. Dominicana	Nicaragua	Colombia	Ecuador
Ahorra o invierte de alguna manera (%)	49	45.8	60.6	60.4	35	28	53.6	50.5	70
Ahorra para invertir en un negocio (%)	8	6.1	1.7	14.1	2.4	0	16.9	18.9	2.9
Entre los que ahorran, promedio ahorrado ($)	2,704	2,027	1,994	3,422	2,025	2,129	3,040	3,322	3,322

Fuente: Encuesta de 1,000 migrantes, Diálogo Interamericano, 2014.

El emprendimiento y la inversión de un migrante en su país de origen pueden ocurrir en diversos momentos del ciclo migratorio. Por ejemplo, algunos migrantes regresan a sus países de origen y gracias a las habilidades, redes profesionales o capital que han acumulado en su trabajo fuera del país inician negocios.[148] En otros casos, los migrantes invierten en negocios en sus países de origen mientras se encuentran viviendo en el extranjero. De acuerdo con un informe reciente del Fondo Internacional para el Desarrollo Agrícola (FIDA/IFAD), "debido a los vínculos cercanos que sienten las personas que viven fuera con sus comunidades de origen 'en casa' las personas de la diáspora que invierten no sólo se encuentran bien informadas acerca de las oportunidades en sus países de origen,

---

[148]   Vivek Wadhwa, "Why Migrant Entrepreneurs are Leaving the US", Bloomberg Business Week, 27 de abril de 2011. Disponible en: http://goo.gl/HGCPsk

sino que además se encuentran más dispuestas a invertir en mercados frágiles que los inversionistas extranjeros".[149] Algunos migrantes asignan una porción de las remesas que envían para actividades de negocio.

Como se muestra en el siguiente cuadro, la mayor proporción de remesas se envía con el propósito de cubrir necesidades básicas y cotidianas. Sin embargo, una pequeña porción, afirman los encuestados, se envía con el propósito de ser invertida en negocios. Aún cuando este porcentaje puede ser pequeño, es importante entender su significancia. También es importante tener claro que se refiere a montos que conforman parte de la remesa, por tanto este dinero es adicional a aquel que se envía independiente a la remesa y que se dirige exclusivamente a una inversión.

Cuadro 6.5: Objetivo(s) previsto(s) de la remesa (%)

Uso	Centroamérica			Otro latinoamericano y caribeño				
	El Salvador	Guatemala	Honduras	Haití	México	Rep. Dominicana	Jamaica	Colombia
Comida	27.8%	28.3%	37.7%	26.7%	29.1%	27.8%	21.5%	41.4%
Educación	13.9%	14%	12.9%	8.6%	12.5%	8.6%	12.9%	17.9%
Ropa	10.5%	13.8%	10%	24.1%	13.8%	14.7%	20.4%	13.1%
Salud	18.2%	20.7%	28.4%	25.4%	23.5%	20.8%	18.3%	15.6%
Vivienda	19.4%	10.6%	5.7%	13.1%	12.8%	7.8%	16.9%	9.4%
Negocio	2.8%	1.5%	1.2%	0%	1.2%	1.6%	3%	0.2%
Pagar deudas	0.9%	7.8%	1.4%	1.1%	2.7%	12.2%	5.4%	0.7%
Ahorros	6.5%	3.2%	2.6%	1.1%	4.4%	6.5%	1.6%	1.6%

Fuente: Orozco con Jewers, 2014. Los participantes podían escoger más de una opción.

---

[149] "Diaspora Investment in Agriculture (DIA) Initiative", International Fund for Agricultural Investment. Disponible en: http://goo.gl/fUk0rw

Este capítulo profundiza acerca de las tendencias y las oportunidades en inversión de la diáspora, y se enfoca especialmente en el caso de El Salvador. Se alimenta de datos preliminares de un estudio realizado por Food for Development[150] con publicación en 2015 y que analiza el interés de la diáspora salvadoreña en diversos sectores de inversión, sus motivaciones para invertir en El Salvador, así como sus preocupaciones en relación con la seguridad y con la rentabilidad de hacerlo.

Inversión de la diáspora en El Salvador

La encuesta realizada sugiere que alrededor de uno de cada cinco salvadoreños que migran a Estados Unidos invierte en su país de origen de alguna manera. El 23% de las personas encuestadas invierten en El Salvador o bien lo han hecho en el pasado. Estos datos son consistentes con otras investigaciones.

Cuadro 6.6: Inversión de la diáspora en El Salvador

	Ha invertido en El Salvador (FFD, 2015)
Sí	23.4%
No	76.7%

Fuente: Estudio realizado por Food for Development, 2015 (Resultados preliminares).

Además, quienes no han invertido en El Salvador pueden estar interesados en hacerlo en el futuro, de acuerdo con las encuestas.

---

[150] Food for Development es una empresa consultora de la seguridad alimentaria. Trabaja para alinear estudios de desarrollo, agricultura, y agroforestal con los valores compartidos corporativos y con las necesidades locales de la seguridad alimentaria. Para más información, ver http://www.foodfordevelopment.com/

Cuadro 6.7: Interés en invertir en El Salvador en el futuro

% Interesados en invertir en El Salvador en el futuro (2009)	% Interesados en invertir en El Salvador en los próximos 5 años (2014)
19.6%	12.3%

Fuentes: Estudio BMI, 2009; Estudio Tinker, 2014.

Tipos de inversión

Al preguntar por sectores para invertir, los migrantes afirmaron tener interés en una variedad de sectores, que incluyen negocios, casas y terrenos. Los datos sugieren que las preferencias de inversión de los migrantes pueden estar cambiando: en 2015 el interés de invertir en tierra y en servicios parece haber aumentado en comparación con otras áreas de inversión.

Cuadro 6.8: Interés en invertir por sector de inversión

	% Interesados en invertir (2009)	% Interesados en invertir (2015)
Negocio	23.8%	16.9%
Vivienda	54.5%	1.3%
Construcción	-	19.5%
Servicios	6.4%	20.8%
Tierra	11.5%	35.1%
Otro	3.8%	6.5%

Fuentes: Estudio BMI, 2009; Estudio Food for Development, 2015 (resultados preliminares).

La diáspora y la inversión en el sector vivienda

Una encuesta realizada en 2009 entre migrantes salvadoreños mostró que, a pesar de los riesgos de inversión percibidos,[151] la mayoría tenía interés en invertir en la compra de casas en El Salvador. Las personas encuestadas mostraron además más interés en la compra de una casa nueva que en renovar la residencia actual. En relación con el tipo de residencia, les interesaban casas de cemento unifamiliares, y el caso ideal es una vivienda con tres dormitorios y dos baños.

La tensión para equilibrar las responsabilidades económicas de los migrantes en Estados Unidos y las metas de inversión en El Salvador puede ser el reto más importante para que la diáspora invierta en la compra de una casa. 62% de las personas encuestadas pagan alquiler en Estados Unidos (en un promedio de US$ 663 al mes) mientras consideran invertir en una casa en El Salvador. La mitad de los migrantes entrevistados en este estudio tienen un ingreso personal de entre US$ 10,000 y US$ 25,000; lo cual les ubica por debajo de la línea de pobreza en Estados Unidos. Es debido a esta situación que apenas un 15.8% pueden invertir más de US$ 500 al mes en El Salvador.

La diáspora y la inversión en agricultura

El estudio realizado por Food for Development explora la inversión de la diáspora en agricultura en El Salvador. Resultados preliminares muestran que aunque el 51% de las personas encuestadas estarían hipotéticamente interesadas en invertir en El Salvador, este porcentaje aumenta a un 60% cuando se les pregunta acerca del interés de invertir específicamente en agricultura.[152]

---

[151]   Solamente el 32.9% de participantes evaluaron el ambiente de inversiones como "seguro".

[152]   La encuesta utilizó la siguiente pregunta: "Si tuviera US$ 2,000 para invertir, tendría interés en invertir en El Salvador". Note la índole hipotética de la pregunta; no todos los migrantes salvadoreños tienen US$ 2,000 disponible para invertir.

Estos resultados preliminares muestran también que la preferencia de invertir en agricultura puede estar asociada al riesgo diferenciado que ven los migrantes en las precarias condiciones de seguridad en el país al comparar la inversión en agricultura con otros tipos de inversión. Para quienes no mostraron interés en invertir en El Salvador, la primera razón citada fue la inseguridad y las pandillas. La inversión en agricultura puede verse como menos proclive a sufrir ataques o extorsiones al darse en contextos rurales y en algunos casos menos violentos.

Con respecto a los mecanismos de inversión, un 67.3% de los potenciales inversores dijeron que preferirían invertir de manera grupal. Esto puede deberse a dos cosas: mitigar los riesgos y aumentar el capital disponible para la inversión (42.4% de los potenciales inversores reportaron contar con ingresos anuales entre US$ 10,000 y US$ 20,000).

Motivaciones para invertir en El Salvador

De acuerdo con datos de encuestas, la principal motivación para invertir en El Salvador es ayudar a las familias en el país de origen. La segunda razón es invertir en preparación para un potencial retorno a El Salvador y el obtener ganancias de la inversión. Entre 2009 y 2015, parece haber ocurrido un cambio en las motivaciones para invertir en El Salvador. Al día de hoy la inversión parece estar aún más orientada a ayudar a las familias que a prepararse para un potencial retorno u obtener ganancias, como muestra el cuadro que se presenta. Esto puede estar asociado a la difícil situación con respecto a la seguridad que está viviendo el país actualmente, lo cual puede disminuir las expectativas de los migrantes en cuanto a poder obtener retornos sobre la inversión.

Cuadro 6.9: Razones para invertir en El Salvador, Respuestas 2009 y 2015

	Razones para invertir	
	Respuestas 2009	**Respuestas 2015**
Para ayudar a mi familia	37.7%	74.3%
Para preparar mi retorno	31.1%	14.3%
Para hacer dinero (rentabilidad)	27%	8.6%
Otro	4%	2.9%

Fuentes: Estudio BMI, 2009; Estudio Food for Development, 2015 (resultados preliminares).

Perfil demográfico de la diáspora Salvadoreña que invierte

El cuadro que se presenta a continuación muestra el perfil de las personas interesadas en invertir en El Salvador. Es importante notar que el perfil de quien invierte (o potencial inversor) no se diferencia de manera significativa con el perfil promedio de la diáspora salvadoreña en general. Muchas de las personas a las que les interesa invertir son trabajadores de clase media con ingresos limitados. En algunos casos se encuentran en Estados Unidos sin estatus legal, lo cual dificulta el visitar sus comunidades de origen. En el caso del interés en invertir, este último aspecto dificulta las visitas para monitorear negocios o inversiones. El cuadro siguiente muestra alguna información acerca de las personas interesadas en invertir, utilizando información de encuestas de 2009 y 2015.

Cuadro 6.10: Perfil demográfico de los que están interesados en invertir en El Salvador

		Resultados 2009	Resultados preliminares 2015
Edad	Edad promedio	37 años	32.4 años
Género	Masculino	70%	61.1%
	Femenino	30%	38.3%
Ingresos anuales personales	Menos que $ 10,000	11.5%	4.4%
	$ 10,001-$ 20,000	46.9%	44.4%
	$ 20,001-$ 30,000	25.8%	33.3%
	Más que $ 30,000	15.8%	17.8%
Nivel de educación	Universidad completa	3.9%	2.6%
	Algo de universidad	24.6%	14.5%
	Escuela secundaria	39.7%	52.6%
	Escuela primaria	27.6%	22.4%
	No terminó primaria	4.3%	7.9%
Años en EEUU	Promedio	10 años	7.7 años
Estado legal	Sin papeles	37.2%	78.8%
	Tiene estatus migratorio temporal (TPS)	35.9%	9.6%
	Tiene residencia permanente	17.5%	7.7%
	Ciudadano/a estadounidense	9.4%	3.8%

Fuentes: Estudio BMI, 2009; Estudio Food for Development, 2015 (resultados preliminares).

Obstáculos para invertir en El Salvador

A pesar de altos niveles de interés en invertir en El Salvador, existen muchos obstáculos para hacerlo. Los bajos niveles de ingresos, como se observa en el cuadro anterior, pueden ser un obstáculo sustancial.

Para quienes respondieron no tener interés de invertir en El Salvador, las principales razones identificadas para ello se relacionan con temas de seguridad, competencia y rentabilidad. Es interesante notar el cambio entre las respuestas de 2009 y 2015, con el tema de seguridad que surge como preocupación principal en 2015.

Cuadro 6.11: Razones para no invertir en El Salvador

Razones para no invertir en El Salvador, 2009	Razones para no invertir en El Salvador, 2015
1.Alta competencia (21.2% de respuestas)	1. Inseguridad (69.2% de respuestas)
2.Riesgo de perder control sobre el negocio (16.4% de respuestas)	2. No es rentable (15.4% de respuestas)
3.No tiene suficiente capital para invertir (13.6% de respuestas)	3. Los costos son demasiado altos (6.2% de respuestas)

Fuentes: Estudio BMI, 2009; Estudio Food for Development, 2015 (resultados preliminares).

Como se discutió anteriormente, uno de cada cinco miembros de la diáspora salvadoreña ha invertido en su país de origen y otra potencial proporción podría estar interesada en invertir en el futuro. Sin embargo, su disposición y su habilidad para invertir dependerán de sus habilidades para superar ciertos obstáculos, que incluyen el manejo de los riesgos que acarrean los problemas de inseguridad y las limitaciones en cuanto al capital. La siguiente sección del capítulo cambia el foco de atención de la inversión directa hacia formas más indirectas de apoyo, como lo son el consumo de productos provenientes del país de origen y el comercio que este consumo promueve.

El comercio nostálgico

Además de promover negocios y crecimiento económico a través de la inversión directa, las personas migrantes que emprenden negocios y la diáspora en general contribuyen al desarrollo económico gracias a la demanda y a la distribución de productos provenientes de su país de origen. Las personas migrantes con frecuencia compran y consumen este tipo de productos sin detenerse a pensar en el impacto económico que esto conlleva, al considerarlos productos cotidianos que simplemente se adquieren en la tienda de la esquina y que compran no sólo porque les gustan, sino también porque les recuerdan a sus hogares.

Sin embargo, con casi un 90% de los migrantes que consumen el equivalente a más de US$ 1,000 al año en bienes importados desde sus países de origen, el valor de este tipo de comercio se vuelve significativo. Esta sección analiza la oferta y la demanda de bienes de comercio nostálgico, y se enfoca de manera específica en El Salvador.

Cuadro 6.12: Consumo de productos nostálgicos

Características		Consume productos nostálgicos (Estados Unidos, escala nacional, 2008)	Consume productos nostálgicos (Washington DC, 2014)
Generación	Migrante de 1ra generación	89%	88%
	2da o 3ra generación	N/A	92%
Género	Femenino	91%	96%
	Masculino	88%	83%
Ciudadanía	Ciudadano/a estadounidense	90%	95%
	No ciudadano/a estadounidense	89%	84%

Fuentes: Encuestas de migrantes, Diálogo Interamericano, 2008 y 2014.

Aunque las personas migrantes demandan una amplia variedad de productos nostálgicos, aquellos con más alta demanda pueden ser identificados mediante encuestas e investigación en las tiendas. Entre los migrantes salvadoreños, hondureños, mexicanos y guatemaltecos, al menos una tercera parte afirma consumir quesos de sus países de origen. La cuajada fue el producto más común, pero otros tipos son también comunes. Las frutas (en especial los mangos) fueron mencionadas por migrantes de todas las regiones, así como el arroz, la ropa y las especias. Algunos productos específicos variaron según el país de origen. El cuadro a continuación aporta detalles acerca de los productos de consumo más común según país de origen.

Cuadro 6.13: Principales productos consumidos, países de origen seleccionados[153]

Nacionalidad	Principales productos consumidos por categoría[140]	% encuestados que consumen esta categoría de producto[141]	% de todos los productos consumidos[142]	Productos específicos en esta categoría
Salvadoreña	Queso	27%	14%	Cuajada, queso seco, otros quesos
	Frijoles	36%	9%	-
	Frutas	22%	8%	Mango, jocote, otras frutas
	Arroz	38%	8%	-
Hondureña	Frutas	33%	33%	Plátano, sandía, otros melones, mango
	Queso	33%	15%	-
	Crema	25%	11%	-
Mexicana	Ropa	38%	14%	Camisetas, sombreros, botas, camisetas de fútbol
	Frutas	25%	14%	Mango, otras frutas
	Especias	25%	14%	Chiles, mole
Guatemalteca	Queso	38%	14%	-
	Jabón	25%	10%	-

Fuentes: Encuesta de migrantes, Diálogo Interamericano, 2014.

---

[153]   También es importante notar que la demanda para los artículos nostálgicos no se limita a los migrantes y sus familias. Muchas de las tiendas reportaron que clientes no migrantes buscan alimentos importadas de especialidad. En algunos casos o viajeros o voluntarios buscan productos que les recuerdan sus viajes al extranjero.

[154]   Para estas categorías, se clasificaron los productos en grupos según semejanzas. Por ejemplo "Productos de pan" incluye no solo pan, sino también pasteles y otros productos horneados.

[155]   Porcentaje de encuestados que lo mencionó, según nacionalidad.

[156]   Porcentaje de encuestados que lo mencionó, según nacionalidad.

Los productos que fueron comúnmente mencionados representan apenas una pequeña proporción de todos los productos que se consumen. Por ejemplo, un 38% de los salvadoreños encuestados reportaron consumir arroz proveniente de El Salvador, pero el arroz representa apenas un 8% del total de productos que los salvadoreños refirieron comprar. Esto sugiere que los migrantes buscan una amplia variedad de productos de sus países de origen y no unas pocas marcas o productos comunes.

El 89% de las personas migrantes que compran productos nostálgicos gastan un promedio de US$ 127 por mes (es decir US$ 1,524 por año) en ellos. Los migrantes de primera generación y quienes no son ciudadanos estadounidenses fueron quienes dijeron consumir más de este tipo de bienes. Aunque las mujeres pueden ser más proclives a consumir bienes nostálgicos, ellas afirman gastar menos en este tipo de productos. Entre las nacionalidades seleccionadas, los salvadoreños fueron quienes reportaron gastar más en productos nostálgicos.

Cuadro 6.14: Gastos mensuales en productos nostálgicos – total y como porcentaje del consumo total

Características		Gasto mensual en productos nostálgicos ($/mes)	Productos nostálgicos como % del consumo total
Generación	Migrante de 1ra generación	$ 132	38%
	2da o 3ra generación	$ 83	25%
Género	Femenino	$ 121	39%
	Masculino	$ 132	35%
Ciudadanía	Ciudadano/a estadounidense	$ 118	35%
	No Ciudadano/a estadounidense	$ 132	38%

Características		Gasto mensual en productos nostálgicos ($/mes)	Productos nostálgicos como % del consumo total
País de origen	El Salvador	$ 137	42%
	Honduras	$ 108	24%
	Guatemala	$ 116	29%
	México	$ 115	37%
	Todos países (promedio)	$ 127	37%

Fuente: Encuesta de migrantes, Diálogo Interamericano, 2014.

En promedio, las personas migrantes dicen comprar productos nostálgicos frecuentemente. Esto puede estar asociado con el tipo de productos que se adquiere, como lo son las frutas y las verduras frescas. La frecuencia también puede depender de los hábitos de compra, de la conveniencia y del flujo de caja, entre otros.

Cuadro 6.15: Frecuencia de compra de productos nostálgicos

Frecuencia de compra	Encuestados
2 o más veces a la semana	11%
1 vez a la semana	28%
Cada 2 semanas	22%
Cada 3 semanas	3%
1 vez al mes	11%
Menos de 1 vez al mes	12%
No está seguro/a	12%

Fuente: Encuesta de migrantes, Diálogo Interamericano, 2014.

Cuando se les pregunta cuáles son los factores más relevantes que influyen en su decisión de comprar productos que provienen de sus países de origen, los migrantes señalan en primer lugar su calidad y en segundo el lugar de origen. El costo también entra en juego a la hora de tomar decisiones de consumo, pero no es tan relevante como la calidad y el origen.

Cuadro 6.16: Razones para comprar productos nostálgicos

Razones más importantes, 2014[143]
1. La calidad de los productos (53% de encuestados)
2. Son de mi país (48% de encuestados)
3. El costo de estos productos (24% de encuestados)
4. Son más baratos que los productos de Estados Unidos (8% de encuestados)
5. Tienen sabor único (4% de encuestados)

Fuente: Encuesta de migrantes, Diálogo Interamericano, 2014.

Del 89% de migrantes que consumen productos nostálgicos, un 40% reporta que les es difícil encontrar algunos tipos de productos.[158] Esto sugiere oportunidades para expandir la cadena de oferta, así como los productos disponibles.

---

[157]   Nótese que más de una respuesta era posible.

[158]   Algunos migrantes de DC reportaron manejar hasta Virginia para comprar los productos de su país: esto añade tiempo y costos a su compra. Otros comentaron que "en las tiendas no cuentan con suficiente inventario de ciertas cosas, entonces a veces no se encuentran productos". Algunos de los productos más citados que a los migrantes se les dificulta conseguir son los tés de hierbas y las medicinas homeopáticas.

Los impactos del comercio nostálgico en el desarrollo

Los negocios de comercio nostálgico tienen un impacto importante en las economías locales de las comunidades donde viven los migrantes. En muchos casos, son negocios pequeños, de propiedad familiar y que generan trabajo para los dueños y sus empleados. También generan trabajo de manera más indirecta en áreas como envíos y transporte de bienes. Del 8% de los migrantes que trabajan como empresarios en su propio negocio, algunos de ellos se dedican al comercio nostálgico.

El comercio nostálgico, que asciende a miles de millones de dólares de exportaciones cada año, también tiene impactos económicos en los países de origen. Hay una demanda fuerte y creciente de productos específicos, muchas veces de alta calidad,[159] lo cual fomenta la diversificación y el crecimiento económico. En muchos casos, consumidores migrantes demandan productos especializados y de nichos que no se encuentran entre las exportaciones más comunes del país. Como resultado, el comercio nostálgico fomenta una importante diversificación de producción y exportación que pueden tener impactos económicos positivos, particularmente en países que orientan sus exportaciones a un solo producto básico.

Además, hay una creciente demanda para estos productos en Estados Unidos entre las comunidades de la diáspora y consumidores estadounidenses. No sólo los 41 millones de migrantes en Estados Unidos[160] están interesados en comprar estos productos nostálgicos, sino

---

[159] Por calidad nos referimos en primer lugar a que cumplen con las expectativas del consumidor (recordemos que la calidad es la primera consideración del consumidor) y, en segundo lugar, al hecho de que cumplen con los altos controles para productos alimenticios que entran a Estados Unidos.

[160] American Community Survey (ACS), 2012, 1 year estimates.

también sus hijos y sus familias. Existe evidencia de que personas no migrantes, una vez que prueban o están expuestas a estos productos, quieren también consumirlos. Según un reciente estudio del Departamento de Agricultura de Estados Unidos (USDA), consumidores estadounidenses "prefieren una selección cada vez más amplia de productos alimenticios", que incluye muchos productos importados y de especialidad.[161]

El caso de El Salvador

Los impactos económicos del comercio nostálgico se ven con mucha claridad en países pequeños con diásporas grandes, como es el caso de El Salvador.

El mercado de exportaciones de El Salvador ha sido históricamente vulnerable ya que produce relativamente pocos productos para relativamente pocos países importadores. Sus principales exportaciones son camisetas tejidas y otros artículos de ropa, azúcar, café y condensadores eléctricos.[162] Se estima que el 40% del valor de estas exportaciones se genera por apenas 10 compañías que producen un puñado de productos.[163]

[161] "Import Share of Consumption", The United States Department of Agriculture Economic Research Service, 2012. Disponible en: http://goo.gl/YoTo2Y

[162] "Country Profile: El Salvador", The Observatory of Economic Complexity, MIT. Disponible en: http://goo.gl/X2t3VU

[163] "INT Encourages Countries to Diversify Exports", Banco Interamericano de Desarrollo. Disponible en: http://goo.gl/ncaJAh

Gráfico 6.1: Exportaciones salvadoreñas a Estados Unidos, 2012

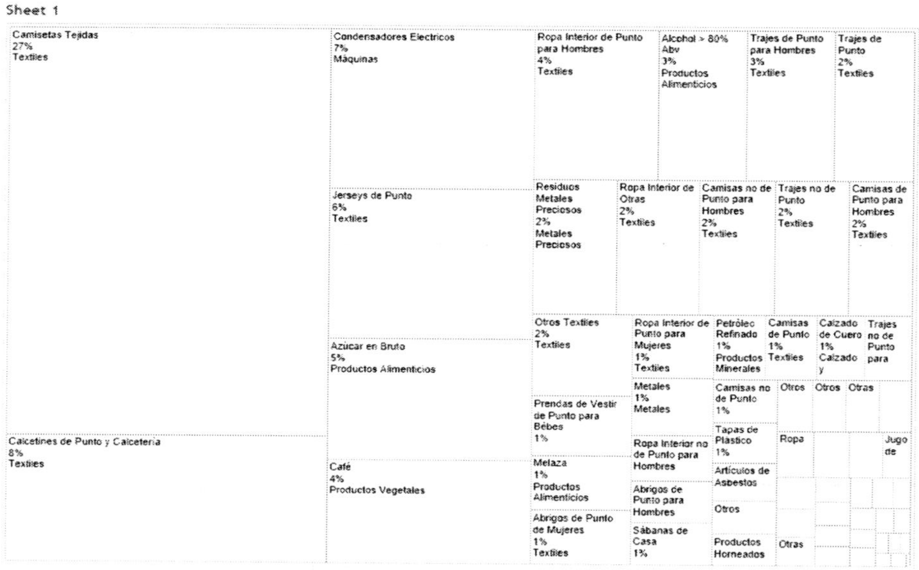

Fuente: Universidad de Harvard, Atlas de Complejidad Económica, 2012.

Partiendo de los datos de encuestas que muestran que el 90% de los migrantes salvadoreños consumen más que US$ 150/mes en productos importados de su país, el valor anual de las exportaciones nostálgicas podría sumar más de US$ 1.6 mil millones para El Salvador.[164] Además, los principales productos nostálgicos, según encuestas con migrantes, son queso, frijoles, fruta y arroz:[165] estos productos no se encuentran entre las exportaciones tradicionales del país. En este sentido, el comercio nostálgico puede servir para promover la diversificación y la resiliencia económica.

Usando datos del US International Trade Commission es posible analizar el comercio de productos nostálgicos específicos con mayor detalle. En 2014 un número seleccionado de productos (sólo un puñado entre todos los productos consumidos por la diáspora) sumaron más de US$ 37 millones (ver cuadro siguiente).

---

[164] Esta estimación se basa en los siguientes cálculos: (1,200,000 personas nacidas en El Salvador que viven en Estados Unidos) x (90% consumen productos nostálgicos) x (consumo promedio de $ 1,500 anual en estos productos) = US$ 1,620,000,000. Esta estimación es conservadora en el sentido de que no incluye el consumo de salvadoreños de segunda o tercera generación. Como punto de comparación, El Salvador recibió aproximadamente US$ 4 mil millones en remesas en 2014.

[165] Ver gráfico 6.2.

Cuadro 6.17: Productos nostálgicos de El Salvador, 2014 ($)

Producto	Valor aduanero, 2014[152]
Queso	1,625,040
Frijoles	1,839,934
Dulces	538,996
Refrescos	7,744,744
Cerveza	3,061,508
Productos de panadería (pan y tortillas)	18,189,088
Condimentos y salsas	3,672,903
Arroz	71,932
Fruta (plátanos)	636,968
Suma de estos productos	$37,381,113

Fuente: Base de datos US ITC, Productos seleccionados importados de El Salvador. Valor en dólares reales según declaración aduanera.

Es importante señalar además que el crecimiento de estas exportaciones se observa estrechamente ligado al crecimiento de la población salvadoreña en Estados Unidos, como se ve en los siguientes gráficos.

---

[166] Se debe tener en cuenta que el valor en el mercado minorista puede ser aún más alto.

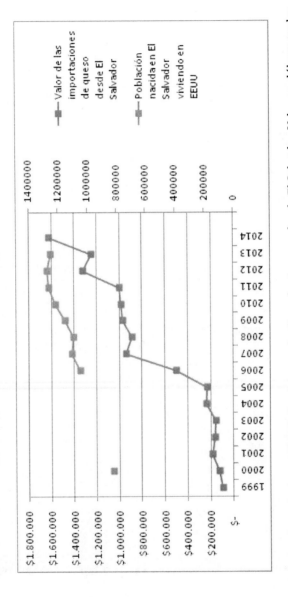

Gráfico 6.2: Queso importado de El Salvador (Valor US$) y población salvadoreña en Estados Unidos

Fuentes: Base de datos US ITC, Productos seleccionados importados de El Salvador. Valor en dólares reales según declaración aduanera. American Community Survey, Selected Population Profile, 1-year estimates.

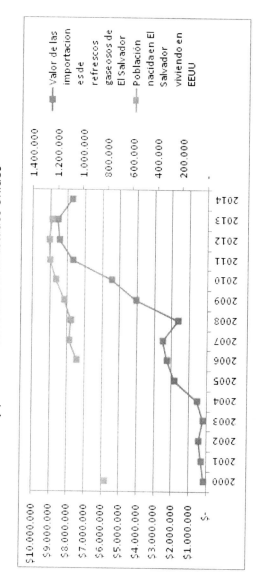

Gráfico 6.3: Refrescos importados de El Salvador (Valor US$) y población salvadoreña en Estados Unidos

Fuentes: Base de datos US ITC, Productos seleccionados importados de El Salvador. Valor en dólares reales según declaración aduanera. American Community Survey, Selected Population Profile, 1-year estimates.

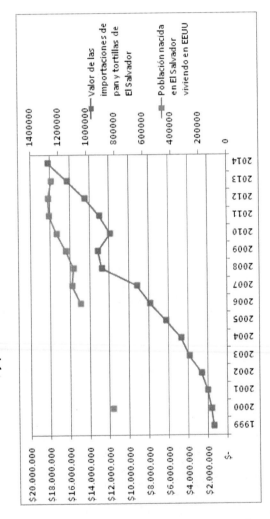

Gráfico 6.4: Panes y tortillas importados de El Salvador (Valor US$) y población salvadoreña en Estados Unidos

Fuentes: Base de datos US ITC, Productos seleccionados importados de El Salvador. Valor en dólares reales según declaración aduanera. American Community Survey, Selected Population Profile, 1-year estimates.

Los hallazgos presentados reflejan oportunidades para apalancar el comercio nostálgico y el desarrollo económico para Centroamérica y en especial para el caso de El Salvador. Aunque la migración no es la solución a los problemas de desarrollo de Centroamérica, ni debe serlo, con 4 millones de migrantes centroamericanos viviendo fuera de sus países de origen es importante considerar cómo integrar sus (ya existentes) actividades económicas en las estrategias de desarrollo de la región. El Capítulo 7, a continuación, presenta una propuesta de cómo se pueden concretar esfuerzos en esta dirección.

Capítulo 7. Recomendaciones e implicaciones políticas de potenciar la migración y el desarrollo

Este último apartado explora, apoyado en los datos y en los análisis presentados hasta el momento en este volumen, una propuesta metodológica para ampliar y profundizar el involucramiento de las comunidades migrantes en el desarrollo en Centroamérica. La necesidad de apalancar y de fortalecer las actividades económicas y la inversión de la diáspora es clara. Ésta depende en mucho de los modestos recursos que pueden movilizar los migrantes.

Es necesario aplicar una visión de desarrollo humano a las realidades de la región. En el corazón de las soluciones a los retos que enfrenta Centroamérica se encuentra la necesidad de construir activos que de manera simultánea contribuyan a construir oportunidades y riqueza, y que además ofrezcan seguridad. Se deben priorizar las necesidades de la fuerza laboral por encima de otros factores de producción. Si la juventud y la fuerza laboral se encuentran bajo riesgo, o buscan movilizarse, fortalecer su situación debe ser una prioridad.

Además de una estrategia en cuanto a la seguridad, se debe ofrecer respuesta a cuatro condiciones de inequidad en la región: la informalidad, los trabajos mal pagos, la falta de cualificación y la falta de educación. Las respuestas deben converger en un contexto de construcción de activos para los jóvenes y la fuerza laboral que ofrezcan soluciones en estos cuatro aspectos. Tanto el primer capítulo como los subsiguientes muestran que la búsqueda de mejores condiciones influye en la migración.

Cuadro 7.1: Condición de la fuerza laboral en Centroamérica

	El Salvador	Guatemala	Honduras
Informalidad[153]	57%	64%	71%
Trabajo calificado	27%	25%	32%
Población con educación superior	11%	6%	7%

Fuente: "Evolución de los principales indicadores del mercado de trabajo en Centroamérica y República Dominicana, 2006-2010", Organización Internacional del Trabajo, 2011. Disponible en: http://goo.gl/3kQA0e

Históricamente, el crecimiento económico y el desarrollo de la región han sido afectados por las elevadas tasas de desigualdad y por modelos económicos deficientes que se basan en exportaciones agrarias. Debido a sus fluctuantes y escasas cosechas, las exportaciones agrícolas no proporcionan una base estable para el desarrollo de riquezas en una economía o en una sociedad. Además, y como consecuencia de esta orientación agrícola, los trabajadores de la región carecen de educación, de formación en habilidades y de un salario suficiente y formal. La opción principal para el empleo entre las mujeres son las maquilas, con el 20.4% de mujeres empleadas en Guatemala, el 19.6% en Honduras y el 17.9% en El Salvador.

En Guatemala, por ejemplo, el 28% de la fuerza laboral no ha recibido una educación formal, el 33% trabaja como mano de obra no calificada y por lo menos el 50% son insuficientemente remunerados y son pagados informalmente. En Honduras, un tercio de la fuerza laboral recibe menos del salario mínimo establecido por la ley, a pesar de trabajar a tiempo completo. Existe un vínculo entre el subempleo y la educación. En El Salvador, por ejemplo, la mitad de los hombres con baja escolaridad están desempleados, en

---

[167]   Medida como fuerza laboral informal dividida por fuerza laboral total.

comparación con el 6.7% de quienes han cursado estudios superiores.[168]

Uno de los impactos más significativos de la problemática actual ha sido la búsqueda por parte de los centroamericanos de formas alternativas de empleo, que incluyen la migración internacional de mano de obra como estrategia de empleo. Por ejemplo, en los altiplanos de Guatemala, una región que sufre de niveles bajos de desarrollo humano, un número substancial de niños ha buscado todas las alternativas posibles para migrar.

Cuadro 7.2: Indicadores de migración
y desarrollo por municipalidad

Indicador	El Salvador		Guatemala		Honduras	
	Promedio	Suma	Promedio	Suma	Promedio	Suma
Número de inmigrantes de esa municipalidad	4,386	1,149,006	3757	1,250,926	3,259	971,053
Número de migrantes menores de edad no acompañados por municipalidad (enero-junio de 2014)	12	3,265	7	2,285	34	10,180
Índice de desarrollo humano por provincia	.69	--	.55	--	.62	--
Homicidios (2013)	10	2,481	20	5,098	23	6,763
Infanticidios (2013)	1	276	4	393	6	710
Población proyectada (2015)	23,049	6,038,773	47,521	15,824,445	29,279	8,725,282
Matrícula escolar	6,670	1,747,649	12,662	4,166,085	7,061	2,104,417

Fuente: Manuel Orozco y Julia Yansura, "Comprender la migración centroamericana: La crisis de migrantes menores de edad centroamericanos en contexto", Diálogo Interamericano, agosto de 2014.

---

[168] "Evolución de los principales indicadores del Mercado de trabajo en Centroamérica y República Dominicana, 2006-2010", Organización Internacional para el Trabajo, 2011.

En este sentido es importante una estrategia de construcción de activos que aborde la inclusión social, la modernización económica, la vinculación transnacional y los factores disruptivos negativos. Los activos más fuertes crearán las oportunidades económicas para las comunidades locales donde la migración ocurre actualmente como necesidad en lugar de como opción. Estas oportunidades pueden venir en forma de trabajos mejor pagos, más negocios, fuerza laboral mejor capacitada, juventud mejor educada y comunidades más independientes financieramente que cuenten con medios para invertir en educación, negocios y otros activos.

En primer lugar, y como estrategia de corto plazo, la educación y las estructuras educativas existentes pueden ser la mejor herramienta para promover cambio. La experiencia señala que ciertas estrategias pueden aumentar la retención estudiantil y fortalecer la calidad de la educación, así como promover comunidades más seguras y cohesionadas.[169]

Esto incluye más tiempo en las aulas agregando programas extra-curriculares y de cuido, proveyendo tutorías a grupos seleccionados de estudiantes, ofreciendo alimentación durante el día escolar, involucrando a padres de familia y motivándoles a invertir en la educación de sus hijos e hijas e incrementando la participación de comunidades en actividades escolares. Las escuelas también pueden promover y patrocinar diversos grupos comunitarios.

En segundo lugar, y como estrategia a mediano plazo, los factores económicos de la migración no han sido aún apalancados para la promoción del desarrollo y pueden constituir una luz de esperanza para la actual crisis. Las personas migrantes se involucran en una serie de actividades económicas transnacionales, como lo son las remesas

---

[169] Ver por ejemplo: "Crime and Violence in Central America: A development challenge", Banco Mundial, 2011 y David J. Hawkins y David P. Farrington, "Reducing Violence through the Schools", en Delbert S. Elliott, Beatrix A. Hamburg y Kirk R. Williams (eds.), Violence in American Schools: A New Perspective, Cambridge University Press, 1998.

familiares, que se acompañan de procesos o compromisos que conforman cadenas de valor.

Como se ha explicado en los capítulos anteriores, las remesas aumentan el ingreso disponible y crean importantes capacidades para el ahorro en los hogares. Quienes migran también consumen miles de millones de productos provenientes de sus comunidades de origen, lo cual crea y mantiene cadenas de valor que aumentan la productividad en la región. Por tanto, y dada la amplitud del involucramiento que ocurre, es importante crear incentivos e iniciativas que apalanquen el involucramiento de migrantes para promover el desarrollo. El impacto de estos esfuerzos es amplio y puede fortalecer las estrategias mencionadas en el primer punto.

Cuadro 7.3: Involucramiento de la diáspora y potencial de desarrollo

	Alcance	Barreras
Ahorro de remesas	El 60% de 3 millones de migrantes y receptores de remesas ahorran US$ 1,200.	Acceso financiero limitado, tanto en oportunidades de inclusión como en productos adecuados. Mucho del ahorro permanece fuera del sistema formal.
Emprendedurismo	El 5% de los migrantes y sus familias en el país de origen tienen negocios pequeños, la mayoría informales.	Restricciones legales, ineficiencia burocrática y acceso financiero limitado que dificulta el registrar, abrir, operar o administrar un negocio.
Inversión	El 5% de los migrantes y sus familias invierten US$ 5,000 (en su mayoría de manera informal) en bienes raíces u otras actividades.	Conocimiento limitado acerca de oportunidades de inversión, así como barreras al crédito y a incorporarse a entidades financieras.
Comercio nostálgico	El 90% de los migrantes consume US$ 1500 en bienes nostálgicos.	Acceso limitado a mercados internacionales.
Filantropía	El 10% de los migrantes donan US$ 200 a iniciativas filantrópicas en su país de origen.	Poco conocimiento acerca de socios locales y oportunidades para donar a proyectos locales exitosos y de impacto para el desarrollo.

Fuente: Manuel Orozco.

Por tanto, y para poder construir activos en el corto plazo, es imperativo organizar alianzas público-privadas con bancos en Centroamérica, ya que el 65% de las remesas son pagadas en bancos comerciales. Además, se deberían promover alianzas con proveedores de servicios de remesas que desarrollen estrategias de ahorro en comunidades individuales y a nivel nacional. Esta estrategia incluye el movilizar el ahorro de los receptores de remesas, lo cual puede ser utilizado además para fortalecer el crédito en la economía local. Actualmente, el 60% de los hogares que reciben remesas cuentan con capacidad de ahorro, pero debido al bajo acceso a servicios financieros, una gran mayoría de las personas mantiene estos ahorros "debajo del colchón."[170]

En tercer lugar, y como un mecanismo a largo plazo, Centroamérica se beneficiaría de esfuerzos globales para integrar crecimiento económico con equidad. El modelo económico actual se apoya en mano de obra poco calificada trabajando en agricultura o fuerza laboral al servicio de mercados pequeños. Este modelo no es competitivo. La comunidad internacional debe trabajar de manera conjunta con los Gobiernos y empresas en la región para fortalecer las habilidades emprendedoras de las empresas pequeñas y ampliar las cualidades de la fuerza laboral.

Esta aproximación a la educación y la inclusión económica no sólo ayuda a la construcción de activos en los hogares y las comunidades, sino que también fortalece la competitividad del país.

---

[170] Para un país como Honduras, donde hay 900,000 hogares receptores de remesas y de los cuales unos 600,000 ahorran US$ 1,000; esta cantidad alcanza unos US$ 6,000,000 que se mantienen mayoritariamente en ahorros informales.

Por último, los vínculos transnacionales, y la inversión y el comercio nostálgico en especial, presentan una oportunidad relevante para ser aprovechados en estos esfuerzos. La inversión de la diáspora y su capacidad para crear emprendimientos cuentan con un potencial en bruto pendiente de ser aprovechado. Las actividades transnacionales de las personas migrantes pueden ser fortalecidas mediante el acceso financiero y la asistencia técnica.

Como punto de partida, es importante reconocer que la mayoría de los empresarios y de los inversionistas de la diáspora son personas regulares con activos financieros moderados. Sus actividades empresariales se encuentran limitadas por su ingreso, su acceso a servicios financieros formales, su conocimiento acerca de las oportunidades de negocio en contextos transnacionales y su confianza en los Gobiernos de sus países de origen. Existen múltiples estrategias de las que se puede echar mano para ampliar y profundizar el involucramiento económico de la diáspora de manera que promuevan más desarrollo.

Una estrategia para Centroamérica

Proponemos cinco estrategias para vincular la migración y el desarrollo:

- La educación financiera para las personas beneficiarias de remesas
- El acceso a crédito para pequeñas empresas, especialmente aquellas que forman parte de la economía educativa
- La promoción de oportunidades de comercio impulsadas por la diáspora (también conocida como "comercio nostálgico")

- El financiamiento de educación utilizando fondos provenientes de la diáspora
- Programas extracurriculares para estudiantes en áreas de alta emigración.

A pesar de ser independientes, estas estrategias comparten entre ellas un vínculo común con el tema de la migración y las remesas, y se complementan para promover la generación de activos. Independiente de otros temas, la educación y la inclusión financiera que promueven son metas a las que debemos aspirar en cualquier contexto, dado sus impactos positivos en el desarrollo y en la inclusión social.

Los productos de un programa de educación financiera, sobre todo los bonos de ahorro, tienen el potencial de ser mejor aprovechados para promover la inversión en educación. La demanda que existe por parte de la diáspora por productos nostálgicos puede ser aprovechada para promover la producción de productos de exportación de alta calidad. Además, los fondos de la diáspora están vinculados y se pueden vincular aún más con servicios educativos, por ejemplo programas extracurriculares para jóvenes en áreas de alta emigración. Al contar con una masa crítica de personas que movilicen sus ahorros, invirtiendo en educación y contribuyendo al desarrollo humano y económico de sus países mientras llevan a cabo una transición hacia una economía basada en el conocimiento, se logrará un desarrollo real para la región.

La clave está en integrar a migrantes y a remesas creando estrategias que los vinculen con la generación de activos, particularmente el ahorro formalizado y la inversión en educación. Los fondos que las personas migrantes envían para inversión, donaciones y remesas pueden apalancarse para construir capital humano y económico en la región. Existe un vínculo importante entre las remesas, la migración y el ahorro gracias al potencial de la formalización del último (ahorro) y las oportunidades que ofrece para la generación de activos.

Este enfoque es de importancia fundamental ya que aborda varias necesidades estratégicas. En primera instancia, vincula la inversión de capital migrante con los ahorros logrados gracias a las remesas en el sector financiero, movilizando estos recursos para el desarrollo local en educación formal y técnica. Segundo, esta estrategia expande y complementa los enfoques de crecimiento económico sin reemplazarlos, creando un nuevo modelo para la inversión en servicios para la economía global. Al invertir en ahorros y en educación como estrategia empresarial, se incrementan las oportunidades de trabajar y de competir en el sector calificado de la economía.

Una economía basada en conocimientos tiene dos caras muy importantes. En primer lugar es la fuente más relevante de riqueza económica, ya que genera más valor con menor cantidad de mano de obra gracias al uso de tecnologías. En segundo lugar, provee a las personas habilidades necesarias para adaptarse a los contextos rápidamente cambiantes y competitivos que caracterizan el ambiente globalizado actual.[171]

---

[171]   Eric Hanushek, The Knowledge Capital of Nations: Education and the Economics of Growth, MIT University Press, 2015.

Cuadro 7.1: Componentes de una propuesta para promover la vinculación de desarrollo y migración en Centroamérica

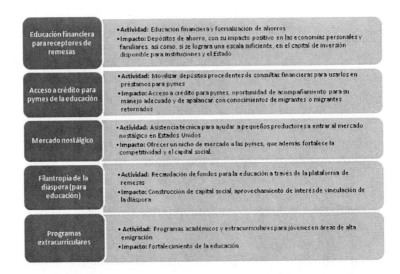

Educación financiera para receptores de remesas	• **Actividad:** Educación financiera y formalización de ahorros • **Impacto:** Depósitos de ahorro, con su impacto positivo en las economías personales y familiares, así como, si se lograra una escala suficiente, en el capital de inversión disponible para instituciones y el Estado
Acceso a crédito para pymes de la educación	• **Actividad:** Movilizar depósitos procedentes de consultas financieras para usarlos en préstamos para pymes • **Impacto:** Acceso a crédito para pymes, oportunidad de acompañamiento para su manejo adecuado y de apalancar con conocimientos de migrantes o migrantes retornados
Mercado nostálgico	• **Actividad:** Asistencia técnica para ayudar a pequeños productores a entrar al mercado nostálgico en Estados Unidos • **Impacto:** Ofrecer un nicho de mercado a las pymes, que además fortalece la competitividad y el capital social.
Filantropía de la diáspora (para educación)	• **Actividad:** Recaudación de fondos para la educación a través de la plataforma de remesas • **Impacto:** Construcción de capital social, aprovechamiento de interés de vinculación de la diáspora
Programas extracurriculares	• **Actividad:** Programas académicos y extracurriculares para jóvenes en áreas de alta emigración • **Impacto:** Fortalecimiento de la educación

Este enfoque no compromete la inversión actual en el sector agrícola, pero expande las opciones de crédito a sectores, tales como la educación y la formación técnica, que no han sido suficientemente financiados en el pasado.[172]

Educación financiera

La educación financiera ha comprobado ser una herramienta eficiente y efectiva para generar activos en

---

[172] El financiamiento para la educación es básicamente sólo para la educación universitaria y usualmente en universidades privadas. Sin embargo, el financiamiento de la educación es clave para el desarrollo y el crecimiento económico.

la sociedad.[173] El modelo implementado por el Diálogo Interamericano consiste en utilizar estrategias exitosas e innovadoras que promuevan la inclusión financiera, la educación y la movilización de ahorros. Forma, informa y convierte a los clientes transaccionales en titulares de cuenta e incorpora sus ahorros informales en el sistema financiero formal.

La estrategia consiste en seis componentes: 1) asociarse con el sector financiero; 2) escoger y entrenar a un grupo de educadores de finanzas; 3) proveer consultas financieras personales a receptores de remesas y a otros clientes transaccionales; 4) conducir talleres y entrenamientos para los empleados de instituciones financieras; 5) seguimiento de datos y resultados;6) compartir resultados y lecciones aprendidas con contrapartes.

Se espera que con el proyecto se establezcan y se modifiquen comportamientos y conocimientos básicos de administración financiera. Al establecer nuevos comportamientos y conocimientos, las personas aprenden a ahorrar y a presupuestar y se logra movilizar recursos personales para integrarlos en el sistema financiero formal. De esta forma, logramos de manera simultánea el acceso financiero y la educación financiera.

Acumulación y movilización de ahorros

La acumulación de ahorros es fundamental para lograr un bienestar financiero. Con ahorros, los individuos tienen la ventaja de tomar decisiones de compra más inteligentes a largo plazo, de lidiar con cambios drásticos en sus condiciones financieras y de planear mejor para el futuro. La acumulación de ahorros concede estabilidad adicional a

---

[173] "Improving Financial Literacy: Analysis of Issues and Policies", OECD, 2005; "Financial Education and Awareness on Insurance and Private Pensions", OECD, 2011.

los individuos y sus hogares y puede proporcionar una base para otros comportamientos financieros beneficiosos, tales como la inversión y el uso de servicios financieros formales. Parte de la estrategia para promover la acumulación de ahorros incluye la habilitación de acceso financiero entre poblaciones tradicionalmente marginadas.

Mundialmente, el acceso al financiamiento para individuos de escasos recursos se ha incrementado en la última década. Sin embargo, mientras que los productos financieros se vuelven más accesibles en el mercado internacional, la brecha en el conocimiento financiero crece y amenaza con mermar las oportunidades ofrecidas por esta expansión. Los individuos se han beneficiado por el empoderamiento que representa este acceso, pero no han adquirido ni el conocimiento ni la comprensión para tomar decisiones financieras inteligentes. Sólo un cuarto de los pobres del mundo que tienen acceso a productos y a servicios financieros han aprendido cómo acceder a todos los beneficios de estos productos. Como consecuencia, son vulnerables a situaciones potencialmente peligrosas y corren el riesgo de adoptar comportamientos que podrían limitar su posibilidad de gozar de independencia financiera a largo plazo.[174]

Factores en la movilización de ahorros

Según la literatura, la movilización de ahorros es influenciada por ciertas variables. Estas variables tienen el potencial de desencadenar comportamientos que movilizan actitudes asociadas con la generación de activos. Incluyen variables como ingresos, riqueza, educación, acceso financiero, género y geografía.

---

[174] Anamitra Deb y Mike Kubzansky, "Bridging the Gap: the business case for financial capability", The Monitor, marzo de 2012.

» La investigación tradicional en este campo ha revelado que, con el incremento relativo de ingresos, las tasas de ahorro también suben.[175] Los datos de nuestros proyectos, recopilados en siete países, confirman esta investigación: encontramos que los entrevistados con ingresos anuales más elevados tienen más probabilidad de ahorrar y de invertir.[176]

» Sin embargo, también encontramos que estos efectos positivos forman parte de los ahorros informales en lugar de ahorros en instituciones financieras formales.[177]

» Los hogares de bajos ingresos ahorran utilizando múltiples métodos, a menudo combinando métodos del sector formal e informal.[178]

» Según los estudios, las personas pobres de las zonas rurales utilizan múltiples estrategias de ahorro, aunque la gran mayoría forman parte del sector informal.[179] Nuestras propias investigaciones han demostrado que aquellos que viven en áreas rurales tienen una probabilidad más alta de ahorrar y de invertir pero tienen menos probabilidad de utilizar un producto financiero formal.

» Nuestras propias encuestas han demostrado que, tras cruzar las fronteras, las mujeres tienen una

---

[175] Cevdet Denizer, Holger C. Wolf e Yvonne Ying, "Household Savings in Transition Economies", Working Paper 2299, Banco Mundial, 2000.

[176] Colección de datos en siete fue conducido desde 2010 hasta 2012. Más de 81,000 casos fueron analizados.

[177] Carol Newman, Finn Tarp, Kathleen Van Den Broeck, Chu Tien Quang, y Luu Duc Quai, "Household Savings in Vietnam: Insights from a 2006 Rural Household Survey", Vietnam Economic Management Review, 2008.

[178] Matteo Marinangeli y Andrea F. Presbitero, "Can the Poor Save More? Evidence from Bangladesh", Working Paper 57, Money and Finance Research Group, 2011.

[179] Ver Paxton, 2009; por ejemplo.

probabilidad más alta de ahorrar o de invertir que los hombres, especialmente utilizando métodos informales.

» El acceso a productos y a servicios financieros es un factor clave para la movilización de ahorros en el contexto formal. Pero además de este acceso, las instituciones financieras deben también ofrecer herramientas financieras que atraigan a un segmento específico de la población. Por ejemplo, a muchos receptores de remesas que no usan servicios financieros formales les interesa usar cuentas de ahorro de bajo costo y transparentes en sus condiciones.

Conocimiento financiero como herramienta para la inclusión financiera y la movilización de ahorros

Nuestra experiencia ha demostrado que las herramientas financieras formales, tales como el ahorro y el crédito, permiten que las personas construyan activos y eventualmente alcancen independencia financiera. Además, hemos visto que el uso de estas herramientas financieras se incrementa con la educación financiera. Por lo tanto, las personas que reciben herramientas a su medida y que son expuestas inicialmente y de forma apropiada a los principios y conceptos del presupuesto, ahorro, inversión y seguro, acaban por mejorar su condición económica.

Éste es el caso especialmente para las comunidades que suelen recibir remesas y migrantes, quienes tienen un potencial significativo de apalancar la generación de activos. Típicamente, las personas generan sus ahorros informalmente con el trascurso del tiempo como resultado de las transferencias de remesas o de otros incrementos en el ingreso disponible. La suma recibida de remesas suele estar por encima del ingreso nacional promedio, razón por la que el tamaño de ahorros informales de aquellas personas que reciben remesas es grande en comparación con aquellas personas que no las reciben. De igual forma, más del 60% de los migrantes no bancarizados ahorran hasta US$ 4,000 utilizando medios informales. La predisposición a ahorrar informalmente y la cantidad de ahorros acumulados por los receptores y remitentes de remesas hacen que la formalización de la demanda por servicios financieros sea una estrategia importante para los especialistas en el desarrollo y para las instituciones financieras.

Crédito para la educación enfocada en la economía del conocimiento

Esta segunda estrategia paralela a la primera comprometerá las instituciones financieras asociadas a reinvertir en la comunidad local en forma de crédito. Esto implica movilizar depósitos de la porción de educación financiera del proyecto, al igual que depósitos de cartera de crédito más grandes, en préstamos de micro y pequeñas empresas, particularmente (pero no exclusivamente) aquellas que forman parte la economía del conocimiento.

El propósito es contactar a empresas que necesiten financiamiento para así promover su crecimiento y ampliar su impacto. Estas empresas pueden ser de datos, cafés internet, educación, tutorías o clases de idiomas. Este sector es extremadamente importante para apoyar los intentos de expandir actividades orientadas a la educación en lugar de la economía de agroexportadora, y provee muchos recursos necesarios para el desarrollo del capital humano.

El acceso al financiamiento sigue constituyendo un reto monumental en Centroamérica, particularmente en las áreas rurales. En el caso de Guatemala, sólo el 22% de la población adulta de Guatemala tiene una cuenta en una institución financiera formal y este número disminuye a solamente el 13% cuando se considera al 40% de la población con menores ingresos. En 2011, el 14% de la población adulta había recibido un préstamo de una institución financiera, mientras que el 10% lo había recibido de familia o de amigos.[180] El acceso a un crédito es superior en el sudoeste del país, cerca de la costa Pacífica y de Ciudad de Guatemala. La mayoría de los que piden préstamos obtienen créditos a través de mecanismos informales, que incluyen a amigos, parientes y vecinos.[181]

Las instituciones de microfinanzas en Guatemala le prestan a aproximadamente 500,000 personas, lo que suma en préstamos un total de más de US$ 300 millones.[182] Desde la creación de Corporación de Referencias Crediticias (CREDIREF), una oficina de crédito que comenzó con 19 instituciones de microfinanzas en 2002 y que actualmente cuenta con 27 organizaciones miembros (los IMF y bancos del sector rural), las Instituciones Microfinancieras (IMF) han tenido un mayor acceso a información, con los bancos miembros (a quienes se les cobra un pequeña tarifa anual), lo que les da la oportunidad de ver el historial de los clientes que piden préstamos.[183] También importante para los individuos que piden menos préstamos son las uniones de crédito, que prestan a hogares que de lo contrario no recibirían crédito, sea por el rechazo de un banco o por el "racionamiento preventivo", bajo el que

---

[180] "Global Financial Inclusion Database", Banco Mundial, 2011. Disponible en: http://goo.gl/DfvnGn

[181] "Growing Inclusive Markets", PNUD, 2010. Disponible en: http://goo.gl/Awa4Mc

[182] "Guatemala Market Profile", Mix Market, 2014. Disponible en: http://goo.gl/GGhECQ

[183] Jill Luoto, Craig McIntosh, y Bruce Wydick, "Credit Information Systems in Less Developed Countries", University of San Francisco, 2007. Disponible en: http://repository.usfca.edu/econ/26/

los hogares que esperan ser rechazados no aplican para recibir préstamos.[184]

En el caso de El Salvador, de los $ 7.2 mil millones en préstamos desembolsados en 2014, menos del 0.1% fue entregado a instituciones educativas. Los principales bancos, cooperativas y microfinancieras pueden expandir su cartera bancaria en una amplia variedad de financiamientos para la educación, de forma que los servicios son confeccionados enfocándose en los menos privilegiados.[185]

En Honduras, solamente el 2% del crédito total fue desembolsado para microcrédito, mientras que el 17% (la misma cantidad destinada al crédito de consumo personal) se le otorgó a pequeños acreedores.[186]

En resumen, el acceso al crédito y al financiamiento aún es incipiente en estos países.

Movilizando ahorros, expandiendo el acceso a crédito

Una estrategia de crédito consiste en el financiamiento del "emprendedor educacional" o de los "emprendedores de conocimientos" al igual que de los estudiantes. En este período de tiempo en el que la educación es tan importante,[187] uno de los desafíos centrales para el desarrollo de países de emigración es reforzar la base de capital humano de sus jóvenes y de su fuerza laboral.

---

[184]   David Mushinski, "An analysis of offer functions of banks and credit unions in Guatemala", Journal of Development Studies, 1999. Disponible en: http://goo.gl/eR6Ev4

[185]   "Cartera de Préstamos por Sectores Económicos", Superintendencia del Sistema Financiero, Gobierno de El Salvador. Disponible en: http://goo.gl/VrRjNB

[186]   Banco Central de Honduras.

[187]   El uso del conocimiento para producir valor agregado depende de una gran variedad de factores, como por ejemplo de una mayor calidad de educación. Otros factores incluyen tecnología, conectividad de red y acceso a generación de información.

La educación, la obtención de habilidades y el entrenamiento laboral no sólo resultan precarios, como ocurre en la mayoría de estos países (generalmente menos del 15% tienen una educación universitaria, el 50-70% han terminado la escuela primaria y el 60-90% han cursado educación secundaria), sino que también están desconectados de las demandas de la competencia por la fuerza laboral en la economía global. Además, a la fuerza laboral en estos países le desmotiva la idea de quedarse en sus países de origen cuando no tienen ningún medio para alcanzar las metas materiales de las que podrían disfrutar en una sociedad moderna. Las personas migran como resultado de esta desconexión.

A pesar de que Guatemala ha reconocido la importancia de una educación extra-curricular en el contexto nacional, teniendo incluso un Directorado General en el Ministerio de Educación Pública para coordinar el avance en este tema, la contribución de nuevas contrapartes, como el sector financiero, los negocios privados y la diáspora, representan una gran oportunidad. Honduras y Guatemala se han enfocado principalmente en formar educación curricular, incluyendo educación técnica en instituciones formales.

Un método clave para involucrar contrapartes en este esfuerzo para fortalecer la fuerza laboral es financiar la educación, es decir, proveer acceso a crédito a empresarios de conocimiento que ofrecen servicios en educación formal (tutorías), información (como acceso a internet, manejo de datos, etc.) y entrenamiento (práctico o técnico) de habilidades que enaltecen y apoyan a la educación formal.

Promoviendo el comercio nostálgico de la diáspora

El apartado dos del capítulo 6 de este volumen presenta en detalle estudios y datos que dejan clara la oportunidad de apalancar el comercio nostálgico, gracias al consumo de migrantes y a sus vínculos con el emprendedurismo, además del interés de algunas contrapartes de invertir en este tipo de negocios. En este apartado, para contextualizar, se reproducen algunos datos, sin embargo el capítulo citado brinda más detalle.

Como se ha citado, las personas migrantes exhiben una fuerte demanda por productos nostálgicos y un 89% de ellos gasta por mes US$ 125 en productos importados de sus países de origen. Esta demanda es cubierta por una amplia variedad de negocios que en muchos casos le pertenecen y son operados por migrantes y que ofrecen productos nostálgicos como queso, frutas, vegetales, frijoles y arroz. Es un fenómeno económico significativo que puede ser apalancado para ayudar al desarrollo económico de los países de origen.

Esto es posible si se conforman cadenas de valor. Es posible conectar a los pequeños productores en El Salvador, Guatemala y Honduras con el mercado de los productos nostálgicos en Estados Unidos y de esta forma promover desarrollo, un modelo de proyecto realmente innovador.[188]

A través de diferentes generaciones y países de origen, el consumo nostálgico se mantiene consistentemente alto como el cuadro debajo lo demuestra, con casi nueve de diez migrantes que consume bienes producidos en casa.

---

[188]   Según lo que sabemos, no hay proyectos pasados o actuales que se asemejen a éste.

Cuadro 7.4: Porcentaje de migrantes
consumiendo productos nostálgicos

Características a nivel nacional		Consume mercancía producida en país de origen (en Estados Unidos, 2008)	Consume mercancía producida en país de origen (Washington DC, 2014)
Generación	Migrante de primera generación	89%	88%
	Migrante de segunda o de tercera generación	N/A	92%
Género	Mujer	91%	96%
	Hombre	88%	83%
Nacionalidad	Ciudadano estadounidense	90%	95%
	Ciudadano no estadounidense	89%	84%
País de origen	El Salvador	88%	91%
	Honduras	90%	75%
	Guatemala	N/A	88%

Fuente: Encuestas a migrantes, Diálogo Interamericano, 2008
y 2014.

Aunque los migrantes demanden una gran variedad de
productos nostálgicos, algunos son mencionados constan-
temente en el transcurso de las entrevistas. Por lo menos
un tercio de los entrevistados afirmaron consumir queso
de sus países natales. La cuajada fue el producto específico
más común, pero otros quesos también fueron populares.
Las frutas (particularmente los mangos) fueron mencionados por migrantes de todas las regiones, al igual que el
arroz, la ropa y condimentos, con algunos productos que
varían de país en país.

Existe espacio para aumentar el negocio de productos
nostálgicos: por ejemplo, aunque el 38% de los salvadoreños

entrevistados reportan consumir arroz de El Salvador, el arroz sólo fue el 8% del total de los diferentes productos que los salvadoreños dicen comprar. Entre las nacionalidades seleccionadas, los salvadoreños reportaron ser los que más gastaban en productos nostálgicos.

Cuadro 7.5: Gastos mensuales en productos nostálgicos y % del total de consumo

Características		Cantidad comprada ($/mes)	Productos nostálgicos como % del total consumido
Generación	Migrante de primera generación	$ 132	38%
	Migrante de segunda o tercera generación	$ 83	25%
Género	Mujer	$ 121	39%
	Hombre	$ 132	35%
Nacionalidad	Estadounidense	$ 118	35%
	No estadounidense	$ 132	38%
País de origen	El Salvador	$ 137	42%
	Honduras	$ 108	24%
	Guatemala	$ 116	29%

Fuente: Encuestas a migrantes, Diálogo Interamericano, 2014.

A la hora de promover las cadenas de valor de comercio nostálgico, es importante tener en cuenta a quienes consumen. Como se señala en el apartado mencionado, los migrantes respondieron que les importa más la calidad del producto, seguido por su origen. El costo también es un factor que el consumidor considera al tomar una decisión, pero no es tan importante como su calidad o su origen.

Cuadro 7.6: Razones por las que se consumen productos nostálgicos

Las razones más importantes, 2014[175]
1.Calidad del producto (53% de los entrevistados)
2.Es de mi país de origen (48% de los entrevistados)
3.Costo del producto (24% de los entrevistados)
4.Es más barato que un producto de Estados Unidos (8% de los entrevistados)
5.El sabor único (4% de los entrevistados)

Fuente: Encuestas a migrantes, Diálogo Interamericano, 2014.

Finalmente, y de nuevo apuntando a las oportunidades de ampliar el mercado de comercio nostálgico, del 89% de migrantes que consumen productos de su país de origen, el 40% reportaron tener dificultad para encontrar ciertos productos, lo que sugiere que la demanda por productos nostálgicos sobrepasa la oferta. Existen productos específicos cuya oferta los migrantes encuentran limitada, como los tés de hierbas y las medicinas homeopáticas.[190]

Se señalan además factores que hacen de la promoción del comercio nostálgico una estrategia ideal para promover el desarrollo:

- Es un fenómeno económico que asciende a miles de millones de dólares al año en exportaciones y tiene un considerable impacto económico en el país de origen de los migrantes.

[189] Nótese que más de una de estas respuestas fue posible.
[190] También es importante notar que la demanda por bienes nostálgicos no se limita a migrantes y a sus familias. Muchas tiendas reportan que los consumidores no migrantes compran productos importados especializados. En algunos casos, viajeros o voluntarios del Cuerpo de Paz pueden comprar productos que les recuerden sus viajes al extranjero. Según los dueños de las tiendas, los productos importados más consumidos por no migrantes son los fideos, además de ciertas frutas y vegetales.

- Hay una constante y creciente demanda de productos específicos de calidad relativamente alta[191] que promueve la diversificación y el crecimiento económico.
- Los consumidores migrantes demandan bienes específicos de nichos que no están entre las exportaciones tradicionales del país y por tanto el mercado de la nostalgia incita a la diversificación de producción y a la exportación, una necesidad en Centroamérica.
- El impacto económico del mercado de la nostalgia es particularmente evidente en pequeños países con grandes diásporas, tales como El Salvador.

Es importante notar que el crecimiento de estas exportaciones se vincula con el crecimiento en la diáspora salvadoreña en Estados Unidos, y por tanto es probable que se mantenga estable o incluso que crezca. Existe también oportunidad de crecimiento en el acceso a nuevas generaciones (hijos de migrantes) e incluso no migrantes.[192]

Inversión de la diáspora para la educación

Esta cuarta iniciativa consiste en propiciar la inversión de la diáspora para la educación en los tres países. Esta inversión complementa las actividades descritas en los componentes anteriores. La implementación requiere la participación de diversas contrapartes como operadoras de remesas, grupos de la diáspora y organizaciones en Centroamérica que puedan proveer oportunidades para

---

[191] Estos productos son de alta calidad en dos sentidos: primero por consideración de los consumidores migrantes y segundo por los estrictos controles de calidad que deben de superar los productos alimenticios que entran a Estados Unidos.
[192] Ver Capítulo 6.

financiamiento. Este componente se basa en la experiencia y en las iniciativas actuales del Diálogo Interamericano.

Como se ha observado, hay una demanda crítica por parte de migrantes y de hogares receptores de remesas para invertir en educación y en desarrollo de la fuerza laboral, y están preparados para movilizar sus ahorros para apoyar esta meta (el hogar típico tiene por lo menos un niño registrado en educación primaria o secundaria, y un adulto en la fuerza laboral).

Para satisfacer esta demanda, proponemos una iniciativa que incentive a los migrantes a invertir en educación utilizando la plataforma de servicio de remesas ya existente de las operadoras de remesas que conforman el Remittance Industry Observatory (RIO).[193] La estrategia consiste en crear una campaña de divulgación de bajo costo que atraiga las donaciones de migrantes para servicios educativos (como los programas educacionales que ya existen para la juventud que cursa los estudios secundarios). La campaña y las donaciones utilizan las redes de operadoras de remesas para proveerle fondos a proyectos en comunidades en cada país de origen.[194]

---

[193] RIO es una iniciativa creada por Manuel Orozco en el Diálogo Interamericano de la que participan más de una docena de proveedores de servicios de remesas, que incluye a los bancos. Sus objetivos son promover el diálogo entre los líderes de la industria de las remesas y los profesionales del desarrollo. También comparten información sobre las tendencias clave y el compromiso en temas de desarrollo. Para obtener más información, consulte http://goo.gl/pqXZoF

[194] Una compañía de transferencia de dinero puede ofrecer a los clientes la oportunidad de donar un dólar al programa de educación de su ciudad cuando hacen su transferencia de remesas. No habría ningún costo adicional por la donación. La empresa puede promover la donación de la misma manera que anuncian las transferencias de dinero gratis por razones humanitarias.

Esquema para involucrar a la diáspora

La estrategia para movilizar las inversiones de migrantes para la educación depende del éxito de los esfuerzos para vincular esas inversiones con resultados y promover la asociación de contrapartes concretas de desarrollo. En ese sentido implementamos una estrategia que mide el impacto. Esta medida ha sido utilizada en varios escenarios e incluye cinco pilares: apropiación (cómo las contrapartes perciben a la iniciativa como suya), correspondencia con las necesidades de desarrollo, sostenibilidad, posibilidad de replicar y rendición de cuentas para las contrapartes (ver capítulo 4 para detalles adicionales). Otra parte importante es la estrategia de divulgación y de promoción hacia la diáspora, el sector privado y la participación de ONG locales.

Incrementar el involucramiento de la diáspora

Los guatemaltecos, hondureños y salvadoreños tienden a involucrarse mucho con sus países de origen, según nuestros estudios[195]. Por ejemplo, llaman a casa, envían remesas, compran productos de su país de origen y viajan a sus respectivos países. El cuadro siguiente resume algunos de estos datos, para más detalle puede consultar el capítulo referente a tendencias en remesas e inclusión financiera, el cuál presenta información más detallada.

---

[195] Manuel Orozco, "Las diásporas, asociaciones de filantropía y de la ciudad natal: la experiencia de América Central", 2006.

Cuadro 7.7: Involucramiento transnacional entre
migrantes centroamericanos en Estados Unidos

	El Salvador (%)	Guatemala (%)	Honduras (%)
Llaman una vez por semana	41	56	57
Envían más de US$ 300	32	43	8
Compran productos de su país de origen	66	50	74
Viajan a su país de origen una vez al año	24	9	12

Fuente: Manuel Orozco, 2006.

La participación de la diáspora es influenciada por varios factores, como la disponibilidad de recursos y las relaciones que mantienen los migrantes con sus pueblos. Los estudios demuestran que la participación de guatemaltecos en organizaciones de oriundos es alrededor del 3%. El 7% de los hondureños que envían remesas forman parte de estos grupos, al igual que el 4% de los salvadoreños. Hay más de 55 organizaciones de oriundos en Estados Unidos para los tres grupos. El porcentaje de quienes envían dinero para inversión, ahorros y filantropía de las diásporas es entre el 5% y el 10%.

Involucrando a las operadoras de remesas

Las operadoras de remesas juegan un papel importante al proveer una plataforma de donaciones, lo que enriquece el servicio ofrecido para impactar de manera positiva en el desarrollo y en el involucramiento transnacional. El trabajo filantrópico de la diáspora depende de la habilidad para alcanzar e involucrar masas críticas. La plataforma de las operadoras de remesas representa una oportunidad única para lograrlo y el Observatorio de Industrias de Remesas del Diálogo (RIO), un mecanismo ideal para involucrar a las operadoras de remesas.[196]

Las operadoras de remesas en RIO representan aproximadamente el 80% del mercado saliente de remesas de Estados Unidos para Latinoamérica y el Caribe. El cuadro 7.8 provee un aproximado de la cuota del mercado por compañía de RIO en Centroamérica. El involucramiento de estas compañías en programas de migración y desarrollo podría tener un impacto relevante y sostenible en cuanto a estrategias de migración y de desarrollo.

Cuadro 7.8: Operadoras de remesas que realizan envíos a Guatemala, Honduras y El Salvador por porcentaje de la cuota del mercado y número de transacciones

	Guatemala		Honduras		El Salvador	
	%	#	%	#	%	#
Total de los miembros que conforman RIO	48	364,800	68.7	391,590	48.5	471,032
Todas las transacciones	100	760,000	100	571,875	100	971,200

Fuente: Manuel Orozco, estimaciones.

Programas extracurriculares para los jóvenes en áreas de alta emigración

Un quinto componente de una estrategia para vincular migración y desarrollo es construir capital humano entre jóvenes en áreas de alta emigración, específicamente expandiendo el acceso a programas extracurriculares de alta calidad. Trabajando en las mismas comunidades en donde la migración ha ocurrido y en donde otras iniciativas

---

[196]   Para más información sobre RIO, véase http://goo.gl/pqXZoF

se están llevando a cabo, proponemos expandir el acceso a programas extracurriculares y a la vez reforzar el contenido curricular y crear conocimientos que fortalezcan las habilidades laborales y de inclusión en empleos que respondan a las demandas de una sociedad globalizada.

Necesidades educativas en Guatemala

Guatemala enfrenta una serie de retos en cuanto al acceso y a la calidad de la educación. Un estudio llevado a cabo en Guatemala[197] refleja que guatemaltecos entre las edades de 15 y 24 años han recibido solamente un promedio de 7.9 años de escuela, lo cual indica que pocos de ellos han finalizado la escuela secundaria. Incluso para aquellos que permanecen en la escuela, los resultados de su aprendizaje son bajos: según los reportes por la Dirección General de Evaluación e Investigación Educativa (DIGEDUCA), sólo el 27% de los graduados secundarios alcanzaron los estándares nacionales de lectura y apenas un 8% alcanzaron los estándares nacionales en matemáticas.

Adicionalmente, las oportunidades educativas en Guatemala se encuentran caracterizadas por la desigualdad. Por ejemplo, el 68% de los alumnos de sexto grado en la capital alcanzaron el estándar nacional en matemática, comparado con sólo un 30% en Baja Verapaz. Las notas también son más bajas para estudiantes en áreas rurales, estudiantes indígenas y (en menor grado) estudiantes del sexo femenino.[198]

Estas realidades de la educación están estrechamente vinculadas con los temas de migración y desarrollo. Primero, las familias que no creen que existan oportunidades para sus hijos en estos países tienen una probabilidad

---

[197] "Guatemala: El estado de las políticas públicas docentes", CIEN y Diálogo Interamericano, 2015. Disponible en: http://goo.gl/e8q0Kv
[198] Ibid.

más alta de decidir que esos niños deben emigrar, con todos los riesgos y peligros que esto implica. Segundo, los niños que no son exitosos en la escuela tienen una probabilidad más alta de dejar la escuela, con lo cual tienen más tiempo libre, menos supervisión y más vulnerabilidad para enfrentar riesgos en las calles. Finalmente, estos niños en muchos casos afrontan opciones limitadas de empleo más adelante en sus vidas, lo que les dificulta la autosuficiencia y el apoyo a sus propias familias.

Cuadro 7.9: Emigración infantil y estándares
de aprendizaje en Guatemala

Municipalidad	Emigración infantil	Fracaso para alcanzar los estándares de lectura de sexto grado[185]
Ciudad de Guatemala	Alta	47.7%
San Marcos	Alta	79%
Huehuetenango	Alta	89%
Quetzaltenango	Alta	80.8%
Tacana	Mediana	79%
Joyabaj	Mediana	90.2%
Concepción	Mediana	80.8%
San Juan Ixcoy	Mediana	89%
Nebaj	Mediana	90.2%

Fuentes: Para migración infantil, "AUC Apprehensions Jan – May 2014"; para resultados de aprendizaje, "Guatemala: El estado de las políticas públicas docentes", CIEN y Diálogo Interamericano, 2015.

Necesidades educativas en Honduras

Esta diferencia entre las áreas rurales y urbanas también se observa claramente en Honduras, donde las

---

[199]   Por departamento.

calificaciones de las áreas rurales son más altas que las de las áreas urbanas en todas las provincias.

Gráfico 7.1: Desempeño educativo (nota en letra) por Urbano/Rural, Honduras

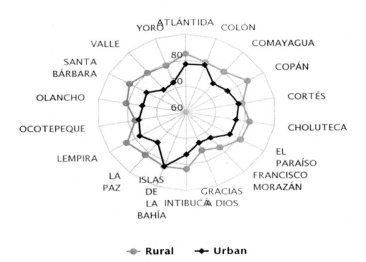

Fuente: "Notas para alumnos de 9no grado", Secretaría de Educación Honduras, 2014.

Necesidades educativas en El Salvador

En El Salvador, las diferencias entre las áreas rurales y urbanas son observables en las tasas de retención escolar (niños que deben repetir un grado). Para todas las provincias, excepto Chalatenango, esto resultó ser más alto en áreas rurales en 2013.

Gráfico 7.2: Repitiendo un grado, % de la
población escolar en El Salvador

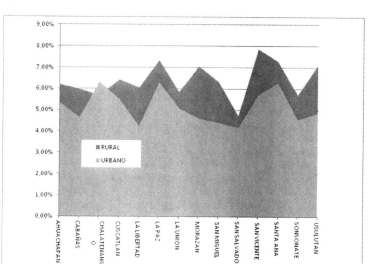

Fuente: Ministerio de Educación de El Salvador (Estadísticas
por Municipio). Disponible en: http://goo.gl/PavbsR.

Los programas extracurriculares pueden jugar un papel
importante al prevenir que los niños enfrenten riesgos en
las calles, mientras que los ayudan a desarrollar el conocimiento y las habilidades que necesitan para ser exitosos
en la escuela y más allá. Desde una perspectiva y una estrategia más amplia, estos programas pueden coadyuvar
a que la región construya capital humano y a que realice
una transición hacia una economía basada en la educación,
en la que emigrar no sea la única opción para superarse.

GLOSARIO

AUC: Migrantes extranjeros, menores de edad y no acompañados, por sus siglas en inglés: "Alien Unaccompanied Children"; categoría definida del Departamento de Seguridad Nacional de Estados Unidos (Homeland Security).

BCCR: Banco Central de Costa Rica.

CAFTA – CAFTA-DR.: Tratado de Libre Comercio entre Estados Unidos y Centroamérica y República Dominicana.

DHS: Departamento de Seguridad Nacional de Estados Unidos – Department of Homeland Security.

FEDECACES: Sistema Cooperativo Financiero (Red Salvadoreña de Cooperativas)

IDH: Índice de Desarrollo Humano.

Alianza Américas: Antes llamada NALACC: National Alliance of Latin American and Caribbean Communities – Asociación Nacional de Comunidades de Latinoamérica y el Caribe (Estados Unidos).

ONG: Organización no Gubernamental.

PIB: Producto Interno Bruto.

PSR: Proveedor(es) de Servicios de Remesas.

ANEXOS

Se presenta información acerca de algunos de los datos presentados en este volumen.

Anexo A: Comprendiendo la migración forzada desde Estados Unidos

El tema de las deportaciones ha entrado en el centro de atención en Estados Unidos, particularmente por la salida a la luz de datos gracias al Freedom of Information Act (FOIA), una investigación en Nueva York que encontró que "durante los tres años de su mandato, Obama ha deportado a más de 1,1 millones de inmigrantes, la mayor cantidad de cualquier presidente desde la década de 1950."[200] Centroamericanos y mexicanos se encuentran entre aquellos que han sido más afectados por estas deportaciones.[201]

En la terminología del Departamento de Seguridad Nacional, la principal entidad gubernamental de Estados Unidos encargada de control de la inmigración, el término "deportación" no existe. Más bien, hay una gran variedad de acciones de cumplimiento, las cuales tienen significados ligeramente diferentes y también distintas implicaciones. Los migrantes que violen las leyes de migración de Estados Unidos y la Ley de Nacionalidad pueden encontrarse como inadmisibles, aprehendidos, retirados o devueltos. Estas medidas de ejecución se producen en las fronteras de Estados Unidos, en el interior del país y en los sitios designados fuera de Estados Unidos.[202] Este informe considera las tendencias en cada uno de estos tipos de ejecución, mientras que también señala que para los migrantes que pasan por estos procesos, las especificidades de esta terminología pueden ser confusas e irrelevantes a la luz de la experiencia dolorosa y difícil de la deportación.

Con respecto a la inadmisibilidad, los migrantes que intentaron entrar a Estados Unidos legalmente pero fueron

[200] Julia Preston y John H. Cushman, Jr., "Obama to Permit Young Migrants to Remain in the U.S.", The New York Times, 15 de junio de 2012. Disponible en: http://goo.gl/d8iDAn

[201] Marc Rosenblum y Kristen McCabe, "Deportation and Discretion: Reviewing the Record and Options for Change", Migration Policy Institute, octubre de 2014. Disponible en: http://goo.gl/ttZtQ6

[202] "2013 Yearbook of Immigration Statistics", Department of Homeland Security, agosto de 2014. Disponible en: http://goo.gl/1uonvD

devueltos son considerados "inadmisible". Hay una serie de razones para ser declarado inadmisible, como temas de salud, antecedentes penales y violaciones anteriores a la inmigración.[203] Es interesante notar el aumento de inadmisibilidades entre salvadoreños y hondureños en los últimos años. Sin embargo, las cifras globales son bastante bajas, lo que sugiere que muchos migrantes centroamericanos están tratando de entrar a Estados Unidos a través de cruces fronterizos como indocumentados en lugar de por los caminos oficiales.

Gráfico A.1 "Extranjeros calificados como inadmisibles",[204] año fiscal 2005-2013

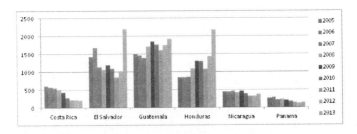

Fuente: "Enforcement Actions", US Department of Homeland Security. Disponible en: http://goo.gl/PAgfDx

En comparación con las inadmisibilidades, las aprehensiones son mucho más comunes. Entre los migrantes centroamericanos, hubo 192,000 aprehensiones en el año fiscal 2013 en comparación con sólo 7,000 inadmisibilidades. Por otra parte, las aprehensiones de centroamericanos han crecido rápidamente en los años fiscales 2012 y 2013, lo que probablemente refleje mayores niveles generales de migración indocumentada de estos países.

---

[203]   "Classes of Aliens Ineligible for Visas or Admission", Legal Information Institute, Cornell University Law School. Disponible en: https://goo.gl/42yfTP

[204]   "Un extranjero que solicite su ingreso en un puerto de entrada pero que no cumpla con los criterios establecidos en el INA para la admisión puede ser puesto en proceso de deportación o en determinadas circunstancias retirar su solicitud de admisión." Ver http://goo.gl/JGtRbZ

Gráfico A.2 Aprehensiones en Estados Unidos[205] por país de nacionalidad, año fiscal 2004 a 2013

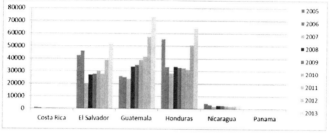

Fuente: DHS Anuario de Estadísticas en Inmigración, 2013. Disponible en: http://goo.gl/EAVe6C

Deportaciones: "removidos" y "devueltos"

Los migrantes que son detenidos pueden ser "removidos" o "retornados voluntariamente", para usar el lenguaje oficial del Departamento de Seguridad Nacional de Estados Unidos. Remover a alguien es una acción judicial y legal que se mantiene en el expediente, mientras que un retorno es una acción algo más voluntaria que no tiene registro legal (esto puede ser algo positivo para los migrantes si desean volver a entrar a Estados Unidos en el futuro).

Los migrantes centroamericanos están en su gran mayoría entre los "removidos" de Estados Unidos en lugar de entre los "retornados". En 2013, por ejemplo, había cerca de 100,000 migrantes centroamericanos "removidos" desde Estados Unidos, mientras que sólo había 3,000 retornados. El siguiente gráfico proporciona detalles adicionales sobre el impacto por país de origen y el año fiscal. El rápido aumento en remover guatemaltecos y hondureños es particularmente notable.

---

205   Una aprehensión es la detención de un extranjero deportable por el Departamento de Seguridad Nacional. Cada aprehensión del mismo extranjero en un año fiscal se cuenta por separado. Ver http://goo.gl/JGtRbZ

Gráfico A.3 Deportaciones totales (removidos)[206] por
país de nacionalidad: años fiscales 2004 a 2013[207]

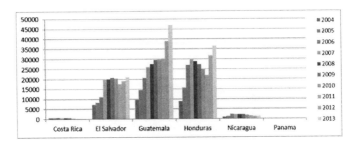

Fuente: DHS Anuario de Estadísticas en Inmigración, 2013. Disponible en: http://goo.gl/AeSYCr.

Perfil de población deportada y retornada

Entender el perfil de las poblaciones que regresan es
importante en términos de diseño de políticas eficaces que
satisfagan sus necesidades y sus realidades. El siguiente cuadro
proporciona información detallada sobre el perfil de los migrantes que regresan en cuanto a género, edad y habilidades.
También muestra qué porcentaje tiene la intención de intentar
la migración de nuevo y en qué plazo de tiempo.

---

[206]   Remover es el movimiento obligatorio y confirmado de un extranjero
        inadmisible o deportable fuera de Estados Unidos sobre la base de una
        orden de expulsión. Un extranjero que afronta esto tiene consecuencias
        administrativas o penales impuestas a su posterior reingreso. Ver http://
        goo.gl/MQMpDk

[207]   ICE representó el 75% de todas las deportaciones en 2013, por debajo
        del 83% en 2012. USBP representó el 20% de todas las deportaciones
        en 2013, por encima del 12% en 2012. OFO realizó un 4,9% de las de-
        portaciones en 2013 y un 5.2% en 2012. Para obtener más información,
        consulte http://goo.gl/n0Dzli

Cuadro A.1: Perfil de deportados según poblaciones de acuerdo a encuestas Fronteras de México, 2014[208]

		Guatemaltecos		Hondureños		El Salvador	
		Retornados de Estados Unidos (%)	Retornados de México (%)	Retornados de Estados Unidos (%)	Retornado de México (%)	Retornados de Estados Unidos (%)	Retornados de México (%)
Perfil demográfico	Masculino	84.6%	71.9%	76.2%	85.1%	80.4%	82.4%
	Femenino	15.4%	28.1%	23.8%	14.9%	19.6%	17.6%
	Edad Promedio	27 años	27 años	29 años	27 años	28 años	29 años
	Educación primaria o menos (%)	-	-	-	70%	25.1%	29.2%
Principal razón para ir a Estados Unidos	Para trabajar o buscar trabajo	97.3%	99.2%	98.4%	99.2%	97.9%	96.4%
	Reunificación Familiar	2%	0.3%	1.5%	0.2%	1.7%	1.9%
Trato recibido por las autoridades migratorias	Excelente	0.4%	14.3%	1%	19.3%	6.7%	23%
	Muy bueno	27.4%	74.4%	37.2%	58.3%	43.8%	46.1%
	Bueno	30.9%	9.2%	38.4%	18.5%	31%	25.9%
	Malo	14.9%	2.1%	18.1%	3%	7%	4.2%
	Muy malo	26.5%	0.1%	5.3%	1%	11.5%	0.6%
¿Volverá a intentar entrar a Estados Unidos en el futuro?	Sí	51.8%	53.7%	39.1%	86.9%	40.7%	78.8
	% en 30 días	20.1%	NA	35.6%	NA	42.8%	NA
	No	43.4%	45.9%	56.1%	13.1%	56.1%	21.2%
	No sé	4.8%	0.5%	4.8%	0%	3.2%	0%

Fuente: "Encuesta sobre Migración en la Frontera Norte de México", El Colegio de la Frontera Norte, Secretaría del Trabajo y Previsión Social, Consejo Nacional de Población, Unidad de Política Migratoria, Secretaría de Relaciones Exteriores. Disponible en: www.colef.mx/emif

[208] La EMIF SUR contempla flujos que se caracterizan por su origen (Guatemala, El Salvador y Honduras), su destino (México o Estados Unidos) y la condición del retorno, si es un individuo devuelto por las autoridades migratorias de México o de Estados Unidos. De la combinación de estos elementos se definen cuadro flujos y al interior de cada uno de estos se identifica al menos una población objetivo. Ver http://goo.gl/8BFhGp

Deportaciones criminales y no criminales

Algunos migrantes que son deportados (retornados) han sido condenados por algún delito violento o no violento. De acuerdo con un análisis de todas las deportaciones desde el año fiscal 2003-2013, las deportaciones criminales ascendieron a un mayor porcentaje en las deportaciones totales, ello bajo la Administración Obama más que bajo el anterior Gobierno de Bush. Sin embargo, mientras que el 41% de las deportaciones en total en los años fiscales 2003-2013 fueron de las personas previamente condenadas por un delito, sólo el 18% fueron condenados por los delitos más graves, crímenes[209] "Nivel 1."[210]

Entre los países de América Central, Panamá tiene el mayor porcentaje de deportaciones que se clasifican como "criminal", como muestra el siguiente gráfico. Sin embargo, el número de expulsiones de inmigrantes panameños es muy pequeño. Entre los países que experimentan el traslado de mayor escala: Honduras con un 46%, El Salvador con un 45% y un 33% de guatemaltecos que han sido deportados por el Gobierno de Estados Unidos.

---

[209] Marc Rosenblum y Kristen McCabe, "Deportation and Discretion: Reviewing the Record and Options for Change", Migration Policy Institute, octubre de 2014. Disponible en: http://goo.gl/idKxWj

[210] Un "Delincuente Nivel 1" es un extranjero condenado por un delito grave (como el asesinato, violación, abuso sexual, tráfico de drogas, contrabando , etc.) incluso dos o más delitos graves.

Gráfico A.4: % de deportados calificados como "criminales", DHS. Año fiscal2005-2013

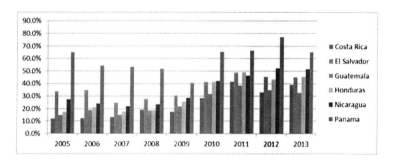

Fuente: Cálculos del autor con base al **Anuario de Estadísticas** en Inmigración 2013, "Enforcement Actions". http://goo.gl/oSRQCX

Anexo B: Migración de menores de edad desde Centroamérica hacia Estados Unidos

Este artículo se alimenta de datos de diversas fuentes, que incluyen encuestas realizadas a migrantes en Estados Unidos, a salvadoreños en El Salvador, entrevistas en profundidad a migrantes acerca de su experiencia trayendo a sus hijos a Estados Unidos, entrevistas en profundidad a organizaciones comunitarias que se encuentran trabajando en el tema y una base de datos de indicadores demográficos, económicos, sociales y en temas de seguridad a nivel de municipalidades y para los tres países de interés particular en el tema: Honduras, El Salvador y Guatemala.

Encuestas a migrantes centroamericanos en Estados Unidos

Equipos de entrevistadores se apostaron en áreas de alto tránsito de personas en el barrio de Columbia Heights en el área metropolitana de Washington DC, en el transcurso del mes de julio de 2014. Allí se acercaron a potenciales encuestados para explicarles el objetivo de la encuesta como un esfuerzo por entender la situación migratoria actual. Si la persona no era originaria de El Salvador, de Honduras o de Guatemala, la encuesta era abortada. Las encuestas fueron realizadas en español para quienes hablaban el idioma. La participación fue voluntaria, anónima y cada encuesta tardó 5 minutos en promedio.

La mayoría de personas encuestadas eran originarias de El Salvador (141), un reflejo de la importante presencia de esta población en el área metropolitana de Washington DC. También se encuestaron personas de Guatemala (29) y de Honduras (45). La población encuestada fue en un

60% femenina y en un 40% masculina. En promedio, los encuestados llevaba 13.1 años viviendo en Estados Unidos y un 53% no tenía estatus legal (indocumentados); esta última característica varía según país de origen. El cuadro que se presenta a continuación resume algunos datos demográficos adicionales de la población encuestada.

Cuadro A.2: Población Encuestada – datos seleccionados

País de origen	Encuestados	Edad promedio	% Masc.	% Fem.	Promedio de años en Estados Unidos	% sin documentos
El Salvador	141	39.5	34%	66%	14.9	40%
Guatemala	29	35.9	45%	55%	10.9	76%
Honduras	45	37.2	56%	44%	9.5	76%
Total	**215**	**38.5**	**40%**	**60%**	**13.1**	**53%**

Encuesta en El Salvador

Las encuestas se realizaron entre el 21 y el 27 de julio de 2014, a nivel nacional y en 68 municipalidades de El Salvador. De las 1010 personas que contestaron, el 50% fueron hombres y el 50%, mujeres. La edad promedio de la población encuestada fue de 44 años. El cuadro que se presenta a continuación resume algunos datos demográficos adicionales de la población encuestada.

Cuadro A.3: Población Encuestada – datos seleccionados

		Género		Nivel de educación			Ingreso mensual promedio (US$)		
Cantidad de encuestados	Edad promedio	Masc.	Fem.	Primaria	Secundaria	Universidad	Menos de $ 200	De $ 200 a $ 600	Más de $ 600
1,010	44	50%	50%	43%	43%	14%	34%	57%	9%

Análisis de los pueblos de origen de las personas menores de edad migrantes no acompañadas

Se construyó una base de datos con información acerca de la migración de menores de edad no acompañados y de pueblos de procedencia en Honduras, El Salvador y Guatemala para analizar en detalle los factores de que empujan y atraen la migración, así como otros detalles del flujo actual de migrantes entre Centroamérica y Estados Unidos. La base de datos incluyó información acerca de tamaño de población, indicadores acerca de violencia, el Índice de Desarrollo Humano (IDH), puntos de pago de remesas e información educativa; todas a nivel de municipalidades. Cuando fue posible, la información fue tomada de fuentes gubernamentales oficiales, como censos, datos de banco central, agencias de policía y ministerios o secretarías de educación. También se utilizó como fuentes agencias intergubernamentales, como el PNUD y el Banco Mundial, instituciones académicas, Organizaciones no Gubernamentales (ONG) y, para el caso de puntos de pago la información de la evaluación de remesas efectuada en el 2012 por parte del Diálogo Interamericano, "The Market for Money Transfers: 2012 Scorecard Report."

Cuadro A.4: Fuentes de Información

Indicador	Fuente El Salvador	Fuente Guatemala	Fuente Honduras
Población total	Censo 2007	Censo 2002	Censo 2001
Proyecciones de población 2014	Ministerio de Economía. "El Salvador: Estimaciones y Proyecciones de Población. Nacional 2005-2050, Departamental 2005-2025".	Instituto Nacional de Estadística, Guatemala. "Guatemala: Estimaciones de la Población total por municipio. Período 2008-2020".	"Resumen de la Proyección de Población de Honduras 2001-2015". Instituto Nacional de Estadísticas, Honduras.
Crecimiento de población	Cálculos con base en datos del Censo 2007 al que se le añadió crecimiento departamental 2007-2014	Cálculos con base en datos del Instituto Nacional de Estadísticas, Guatemala.	Proyecciones de Población de Honduras 2001-2015, CPV 2001, INE
Puntos de pago para remesas	Suma de puntos de pago, "The Market for Money Transfers: 2012 Scorecard Report," Diálogo Interamericano, 2012.	Suma de puntos de pago, "The Market for Money Transfers: 2012 Scorecard Report", Diálogo Interamericano, 2012.	Suma de puntos de pago, "The Market for Money Transfers: 2012 Scorecard Report", Diálogo Interamericano, 2012.
Menores de edad extranjeros (Estados Unidos) no acompañados	AUC Aprehensiones Ene - Mayo 2014[197]	AUC Aprehensiones enero-mayo de 2014	AUC Aprehensiones enero-mayo de 2014
IDH	PNUD Informe Nacional de Desarrollo Humano El Salvador 2005.	PNUD Informe Nacional de Desarrollo Humano Guatemala 2011.	PNUD Informe sobre desarrollo humano Honduras 2006.
% quien pensaron en dejar su barrio debido a la violencia	AmericasBarometro por Latin American Public Opinion Project (LAPOP). 2012.	AmericasBarometro por Latin American Public Opinion Project (LAPOP). 2012.	AmericasBarometro por Latin American Public Opinion Project (LAPOP). 2012.

Indicador	Fuente El Salvador	Fuente Guatemala	Fuente Honduras
Población total	Censo 2007	Censo 2002	Censo 2001
Homicidios	Homicidios 2013, IML	Policía Nacional Civil, 2013	IUDPAS-UNAH Observatorio de la Violencia, Homicidios Según Municipios, 2013.
Infanticidios	Tasas de homicidios de niños, 2012, IML	Instituto Nacional de Estadística, Guatemala. 2012.	IUDPAS-UNAH. Homicidios Niños(as) Según Municipios. 2013.
Matrícula escolar	Censo 2010 Matrícula tradicional por Municipio y Grado (Ministerio de educación)	"Matrícula Inicial Municipal". Ministerio de Educación, Guatemala. 2012.	"Matrícula Inicial". Resumen Histórico de Estadísticas. Secretaria de Educación, Honduras. 2009.

Entrevistas en profundidad a organizaciones comunitarias y migrantes

Se realizaron múltiples entrevistas en profundidad a fuentes cercanas al tema. Se discutieron temas de flujo migratorio de menores de edad migrantes con ONG que trabajan activamente con migrantes. Adicionalmente, se entrevistó a una migrante reciente que trajo a su hija a vivir con ella a Estados Unidos. Esta entrevista fue completamente voluntaria y anónima, los nombres han sido cambiados para proteger la privacidad de esta persona. Información de esta encuesta se encuentra en los cuadros de texto en el documento.

---

[211] Migrantes extranjeros, menores de edad y no acompañados, por sus siglas en inglés, "Alien Unaccompanied Children"; categoría definida del Departamento de Seguridad Nacional de Estados Unidos (Homeland Security).

Anexo C: Estimaciones de población migrante

Para la estimación de la población migrante se utilizaron varias fuentes. Para el total de migrantes, utilizamos los flujos mensuales de remesas ajustándoles a datos provenientes de encuestas para el mismo año de quienes enviaron remesas en el mismo año que ingresaron al país al que migraron (típicamente 3%). Se aplica un factor a ese número para crear un coeficiente de la probabilidad de que un migrante envíe remesas. Otras fuentes para estimar la población migrante incluyen información del Departamento de Estado de Estados Unidos y el anuario de datos migratorios del Center for Immigration Studies (CIS) acerca de quiénes completan procesos migratorios. Comparar los estimados de migración anual con datos de migración legal y examinar los datos acerca de quiénes son detenidos y deportados en la frontera ayudó a establecer el tamaño de la población que migra sin papeles. El número de migrantes corresponde a aquellos que reciben visas en oficinas consulares más el de migrantes sin documentos. El número de migrantes indocumentados se obtiene de estimados de personas que son detenidas en la frontera y quienes la cruzan. De acuerdo con Cornelius, "menos de la mitad son detenidos (38%), y quienes son detenidos eventualmente cruzan", por tanto, quienes cruzan sin documentos: ={[número de deportados x 62%]/ número de personas detenidas}.[212]

---

[212] Para más detalle de esta metodología, ver Manuel Orozco y Julia Yansura, "Migration and Development in Central America: Perceptions, Policies, and Further Opportunities", Diálogo Interamericano, 2013. Disponible en: http://goo.gl/ubOsdR

CPSIA information can be obtained
at www.ICGtesting.com
Printed in the USA
FFOW03n0733040216
21145FF